처음 글자부터 문장까지

일본어 강독

원광대학교 일본어교육연구회 저

일본어 으뜸
(주)시사일본어사
book.japansisa.com

Preface

머리말

우리 나라에서 일본어가 제2외국어로 채택되어, 대학에서 가르쳐 온 지도 벌써 40년에 이르고 있다. 이는 어느 분야의 전공학과에서도 외국어학습은 필연적인 과제의 하나이기 때문이다. 그 중에서도 널리 보급된 영어와 버금가게 필요불가결한 것이 제2외국어 중의 일본어임은 주지의 사실이어서 대다수 대학에서의 제2외국어 선택에 있어서 일본어가 압도적인 수를 차지하고 있음이 오늘날의 현실이다.

일본어는 어순 등 우리말과 비슷한 점이 많아서 다른 외국어에 비해 배우기 쉬운 것은 사실이다. 그러나 외국어가 다 그러하듯이 쉬운 말이라고 해서 쉽게 배울 수 있는 것은 아니다. 특히 초급단계에서 소홀히 하게 되면 후에 실패하게 된다.

이 책은 일본어를 처음으로 대하는 학생을 위하여 편집한 것이다. 제1부 [입문편]에서는 우선 일본어를 공부하는 데 필요한 기초지식과 발음을 다루었다. 특히 우리는 일본어 발음이 쉽게 느껴지기 때문에 우리 나라 식으로 해버리려는 경향이 있는데, 「つ[tsw]」등과 같이 우리말에는 없는 발음도 많이 있고, 처음부터 정확한 발음을 익히지 않으면 그 버릇은 고치기 어렵게 된다.

제2부 [강독편]에서는 처음으로 일본어 문장을 접하게 되는데, 기본문형을 문법과 같이 익혀야 한다. 특히 일본어를 배우는데 있어서 최초의 장벽이 되는 용언의 활용은 충분히 이해한 다음에 나아가야 한다. 그리고 회화형식을 취한 것이 많으므로 회화 공부도 같이 할 수 있을 것이다.

차 례
Contents

1 입문편

2 강독편

3 부록

1 입문편

1 일본어의 문자

2 일본어의 발음

1 일본어의 문자

1 ひらがな(五十音図)

段 行	あ段	い段	う段	え段	お段
あ行	あ a	い i	う u	え e	お o
か行	か ka	き ki	く ku	け ke	こ ko
さ行	さ sa	し si(shi)	す su	せ se	そ so
た行	た ta	ち ti(chi)	つ tu(tsu)	て te	と to
な行	な na	に ni	ぬ nu	ね ne	の no
は行	は ha	ひ hi	ふ hu(fu)	へ he	ほ ho
ま行	ま ma	み mi	む mu	め me	も mo
や行	や ya		ゆ yu		よ yo
ら行	ら ra	り ri	る ru	れ re	ろ ro
わ行	わ wa				を o(wo)
	ん n				

2 カタカナ(五十音図)

段 / 行	ア段	イ段	ウ段	エ段	オ段
ア行	ア a	イ i	ウ u	エ e	オ o
カ行	カ ka	キ ki	ク ku	ケ ke	コ ko
サ行	サ sa	シ si(shi)	ス su	セ se	ソ so
タ行	タ ta	チ ti(chi)	ツ tu(tsu)	テ te	ト to
ナ行	ナ na	ニ ni	ヌ nu	ネ ne	ノ no
ハ行	ハ ha	ヒ hi	フ hu(fu)	ヘ he	ホ ho
マ行	マ ma	ミ mi	ム mu	メ me	モ mo
ヤ行	ヤ ya		ユ yu		ヨ yo
ラ行	ラ ra	リ ri	ル ru	レ re	ロ ro
ワ行	ワ wa				ヲ o(wo)
	ン n				

3 ひらがな・カタカナ 쓰는 법

あ	一 ナ あ	あ	あ	あ					
い	い い	い	い	い					
う	゛ う	う	う	う					
え	゛ え	え	え	え					
お	一 お お	お	お	お					

か	つ カ か	か	か	か					
き	一 二 キ き	き	き	き					
く	く	く	く	く					
け	l に け	け	け	け					
こ	一 こ	こ	こ	こ					

さ
さ
さ
さ
さ
し
し
し
し
し
す
す
す
す
す
せ
せ
せ
せ
せ
そ
そ
そ
そ
そ
た
た
た
た
た
ち
ち
ち
ち
ち
つ
つ
つ
つ
つ
て
て
て
て
て
と
と
と
と
と

な	な	な	な	な
に	に	に	に	に
ぬ	ぬ	ぬ	ぬ	ぬ
ね	ね	ね	ね	ね
の	の	の	の	の

は	は	は	は	は
ひ	ひ	ひ	ひ	ひ
ふ	ふ	ふ	ふ	ふ
へ	へ	へ	へ	へ
ほ	ほ	ほ	ほ	ほ

ま	ま	ま	ま
み	み	み	み
む	む	む	む
め	め	め	め
も	も	も	も

や	や	や	や
ゆ	ゆ	ゆ	ゆ
よ	よ	よ	よ

ら	ˋ ら	ら	ら	ら					
り	ˋ り	り	り	り					
る	る	る	る	る					
れ	ǀ れ	れ	れ	れ					
ろ	ろ	ろ	ろ	ろ					

わ	ǀ わ	わ	わ	わ					
を	一 ナ を	を	を	を					
ん	ん	ん	ん	ん					

ア	ア	ア	ア	ア					
イ	イ	イ	イ	イ					
ウ	ウ	ウ	ウ	ウ					
エ	エ	エ	エ	エ					
オ	オ	オ	オ	オ					

カ	カ	カ	カ	カ					
キ	キ	キ	キ	キ					
ク	ク	ク	ク	ク					
ケ	ケ	ケ	ケ	ケ					
コ	コ	コ	コ	コ					

サ	サ	サ	サ
シ	シ	シ	シ
ス	ス	ス	ス
セ	セ	セ	セ
ソ	ソ	ソ	ソ

タ	タ	タ	タ
チ	チ	チ	チ
ツ	ツ	ツ	ツ
テ	テ	テ	テ
ト	ト	ト	ト

ナ	一 ナ	ナ	ナ	ナ					
ニ	一 ニ	ニ	ニ	ニ					
ヌ	フ ヌ	ヌ	ヌ	ヌ					
ネ	丶 ラ ネ ネ	ネ	ネ	ネ					
ノ	ノ	ノ	ノ	ノ					

ハ	ノ ハ	ハ	ハ	ハ					
ヒ	一 ヒ	ヒ	ヒ	ヒ					
フ	フ	フ	フ	フ					
ヘ	ヘ	ヘ	ヘ	ヘ					
ホ	一 十 オ ホ	ホ	ホ	ホ					

マ		マ	マ	マ					
ミ		ミ	ミ	ミ					
ム		ム	ム	ム					
メ		メ	メ	メ					
モ		モ	モ	モ					

ヤ		ヤ	ヤ	ヤ					
ユ		ユ	ユ	ユ					
ヨ		ヨ	ヨ	ヨ					

ラ	ラ	ラ	ラ	ラ					
リ	リ	リ	リ	リ					
ル	ノ ル	ル	ル	ル					
レ	レ	レ	レ	レ					
ロ	ロ	ロ	ロ	ロ					
ワ	ワ	ワ	ワ	ワ					
ヲ	ヲ	ヲ	ヲ	ヲ					
ン	ン	ン	ン	ン					

2 일본어의 발음

1 모음

あ행	あ	い	う	え	お
	a	i	ɯ	e	o
	ア	イ	ウ	エ	オ
	(a)	*(i)*	*(u)*	*(e)*	*(o)*

あ 한국어의 「아」와 거의 같으나 「아」를 발음할 때보다 입을 약간 좁게 벌린다.

い 입을 좌우로 당기면서 입술 앞쪽에서 「이」하면 「い」에 가까워진다.

う 「으」를 발음하면서 천천히 앞으로 당긴 입술을 약간 오므리듯 하면 「う」에 가까운 소리가 난다. 단 한국어의 「우」와는 달리 입술을 쑥 내밀어서는 안 된다.
요즘 입술을 내밀어 [u](원순모음)으로 발음하는 사람도 많아졌으나, 아직 일반적이라고 할 수는 없고, [ɯ](비원순 모음) 발음이 주류이다.

え 「에」와 「애」의 중간 음이다.

お 입놀림은 「오」와 비슷하나 「오」 할 때처럼 입술을 내밀어서는 안 된다.

예
あい(愛) 사랑　　あお(青) 파랑
いえ(家) 집　　いう(言う) 말하다
うえ(上) 위　　うお(魚) 물고기
え(絵) 그림　　えい 가오리
おい(甥) 조카　　おう(追う) 쫓다

2 자음 (자음과 모음의 연결)

일본어는 「ん」을 제외하고는 자음 단독으로 성립하는 음절은 없고, 자음은 반드시 모음과 합쳐서 한 음절을 만든다.

1) 청음(清音)

자음이 무성음으로 발음된 것을 말한다.

か행	か	き	く	け	こ
	ka	ki	kɯ	ke	ko
	カ	キ	ク	ケ	コ
	(ka)	*(ki)*	*(ku)*	*(ke)*	*(ko)*

「か・き・く・け・こ」의 자음의 「k」는 우리말 「가게」, 「기계」 할 때의 제1음절인 「ㄱ」에 가깝다. 이 자음에다가 모음 [a・i・ɯ・e・o]를 붙이면 「か・き・く・け・こ」의 발음이 나온다.

예 かこ(過去) 과거 いか(烏賊) 오징어
きく(菊) 국화 くき(茎) 줄기
くい(悔い) 후회 いく(行く) 가다
けう(稀有) 드묾 いけ(池) 연못
こえ(声) 목소리 たこ(蛸) 낙지, 문어

＊「かこ」의 부분 우리나라 사람 귀에는 「꼬」로 들리나, 된소리로 「꼬」를 발음하면 일본 사람 귀에는 막힌 소리(촉음)으로 들리게 되어 말의 뜻이 달라진다.

さ행

さ	し	す	せ	そ
sa	ʃi	sɯ	se	so
サ	シ	ス	セ	ソ
(sa)	*(si)*	*(su)*	*(se)*	*(so)*

「さ行」 자음 「s」에 [a・ɯ・e・o]를 붙이면 「さ・す・せ・そ」의 발음이 된다. 그러나 「し」는 [si]가 아니라 [ʃi]이다. 혀의 앞부분 전체를 입 천정 딱딱한 부분에 대고 입을 좌우로 당기면 「し」 소리가 나온다.

예 さけ(酒) 술 あさ(朝) 아침
しお(塩) 소금 あし(足) 다리
すし(寿司) 초밥 いす(椅子) 의자
せかい(世界) 세계 くせ(癖) 버릇
そこく(祖国) 조국 うそ(嘘) 거짓말

た행

た	ち	つ	て	と
ta	tʃi	tsɯ	te	to
タ	チ	ツ	テ	ト
(ta)	*(ti・chi)*	*(tsu)*	*(te)*	*(to)*

「た行」 자음 「t」에 [a・e・o]를 붙어서 「た・て・と」의 발음이 된다. 자음 「t」는 우리말 「다다」, 「대두」할 때의 제1음절인 「ㄷ」에 가깝다. 「ち」는 [tʃi]의 소리로서, [し／ʃi]소리에 「t」가 들어 있는 것이다. 「지구」, 「지하철」이라고 할 때의 제1음절인 「지」에 가까우나 「지」보다 약간 혀가 앞으로 나온다. 「つ」 는 [す／sɯ]의 소리에 「t」가 붙은 것으로 [tsɯ]이며 「쯔」도 아니고 「쓰」도 아니다.

예

たいいく(体育) 체육	たつ(立つ) 일어서다
ちか(地下) 지하	つち(土) 흙
つき(月) 달	さつい(殺意) 살의
てあし(手足) 손발	てつ(鉄) 철
とし(都市) 도시	とかい(渡海) 도해

な행

な	に	ぬ	ね	の
na	ɲi	nɯ	ne	no
ナ	ニ	ヌ	ネ	ノ
(na)	*(ni)*	*(nu)*	*(ne)*	*(no)*

「な・に・ぬ・ね・の」의 「n」는 한국어의 「ㄴ」소리와 같다. 「に」의 [ɲ]소리는 「n」와 가까운 소리나 혀를 앞니까지 내밀지 않고 그보다 조금 뒤에서 소리를 낸다.

예

なつ(夏) 여름	こな(粉) 가루
にし(西) 서쪽	かに(蟹) 게
ぬか(糠) 겨	いぬ(犬) 개
ねこ(猫) 고양이	あね(姉) 누나, 언니
のき(軒) 처마	ぬの(布) 옷감

は행

は	ひ	ふ	へ	ほ
ha	çi	ɸɯ	he	ho
ハ	ヒ	フ	ヘ	ホ
(ha)	*(hi)*	*(hu・fu)*	*(he)*	*(ho)*

자음 「h」에 [a・e・o]가 붙어 「は・へ・ほ」가 된다. 「ひ」는 우리말의 「히」와 같아서 [çi]이다. 「ふ」는 뜨거운 것을 식히려고 「후」하고 숨을 내쉴 때의 음과 같다.

어중(語中)에 「は行」음이 있을 때 우리 나라 사람이 발음하면 소리가 약하게 나오기 쉬우므로 주의할 필요가 있다.

예 はな(鼻) 코　　しはい(支配) 지배
ひがし(東) 동쪽　　あさひ(朝日) 아침 해
ふく(服) 옷　　きふ(寄付) 기부
へた(下手) 서투름　　へそ(臍) 배꼽
ほし(星) 별　　たいほ(逮捕) 체포

ま행

ま	み	む	め	も
ma	mi	mɯ	me	mo
マ	ミ	ム	メ	モ
(ma)	(mi)	(mu)	(me)	(mo)

「m」음은 한국어의 「ㅁ」소리로 속한다.

예 まえ(前) 앞　　くま(熊) 곰
みみ(耳) 귀　　かみ(紙) 종이
むし(虫) 벌레　　のむ(飲む) 마시다
めかた(目方) 무게　　あめ(雨) 비
もも(桃) 복숭아　　くも(雲) 구름

や행

や	ゆ	よ
ja	jɯ	jo
ヤ	ユ	ヨ
(ya)	(yu)	(yo)

반모음 「j」에 [a · ɯ · o] 앞에만 올 수 있다. 한편 자음 뒤에 오는 「j」는 요음이라 하며 별도로 취급되는 것이 보통이다.

예 やま(山) 산　　こやし(肥し) 거름
ゆき(雪) 눈　　つゆ(露) 이슬
よめ(嫁) 며느리　　こよみ(暦) 달력

ら행

ら	り	る	れ	ろ
ɾa	ɾi	ɾɯ	ɾe	ɾo
ラ	リ	ル	レ	ロ
(ra)	*(ri)*	*(ru)*	*(re)*	*(ro)*

우리말에서와 마찬가지로 일본어에서도 [r]와 [l]에 의해 뜻이 구별되는 경우는 없고, 「ら」행은 [r]도 [l]도 아닌 [ɾ]로 발음된다.
우리말에서는 어두(語頭)에 [r]음이 오지 않으나, 일본에서는 한자어 · 외래어의 어두(語頭)에 「ɾ」음이 올 수 있다는 사실에 주의할 필요가 있다.

예
- らいにち(来日) 내일 / くらし(暮し) 살림
- りす(栗鼠) 다람쥐 / すり 소매치기
- るす(留守) 부재 / くる(来る) 오다
- れきし(歴史) 역사 / れつあく(劣悪) 열악
- ろく(六) 육 / ふろ(風呂) 목욕

わ행

わ	を
wa	o
ワ	ン
(wa)	*(wo)*

「わ」는 우리말 「와」를 써도 좋다. 「を」는 현재로서는 「お」와 발음이 같다. 그리고 「を」는 지금 조사로만 쓰고 있다.

예
- わたし(私) 저, 나 / わき(脇) 겨드랑이
- わたしを(私を) 저를

2) 탁음(濁音)

が행

が	ぎ	ぐ	げ	ご
ga	gi	gɯ	ge	go
ガ	ギ	グ	ゲ	ゴ
(ga)	*(gi)*	*(gu)*	*(ge)*	*(go)*

우리가 「가게」, 「고개」할 때의 제2음절인 「ㄱ」에 가깝다. 따라서 「가게」는 일본사람의 귀에 「かげ」라고 들리며 「고개」는 「こげ」로 들린다.

예 かき(柿) 감 — がき(餓鬼) 아귀 · 아이
きけい(奇形) 기형 — ぎけい(義兄) 의형
くち(口) 입 — ぐち(愚痴) 푸념
けた(桁) 단위 — げた(下駄) 나무로 만든 신발
こま(独楽) 팽이 — ごま(胡麻) 참깨

「が行」의 자음에는 또 하나 발음이 있다. 어중(語中) 등에 「g」가 나타날 때 비탁음 발음으로 변한다(최근에는 비음(콧소리)으로 발음하지 않는 경향이 있다).

が행					
	が	ぎ	ぐ	げ	ご
	ŋa	ŋi	ŋɯ	ŋe	ŋo
	ガ	ギ	グ	ゲ	ゴ
	(ga)	*(gi)*	*(gu)*	*(ge)*	*(go)*

예 かがみ(鏡) 거울 — にがい(苦い) 쓰다
のこぎり(鋸) 톱 — かぎ(鍵) 열쇠
かぐ(家具) 가구 — きぐ(器具) 기구
かげ(影) 그림자 — ひげ(髭) 수염
しごと(仕事) 일 — まご(孫) 손자

「g」와 「ŋ」를 정리하면 다음과 같다.

▶ 「g」로 발음되는 것.

① 어두(語頭)의 「が行」

がくせい(学生)　　がいこく(外国)

② 외래어 중의 「が行」

キログラム(kg)　　カーディガン

＊ 단, 옛날부터 일본에서 자주 사용되고 있는 것은 비음화(鼻音化, 「ŋ」) 할 수도 있다.

イギリス　　オルガン

③ 수사의 「五」

ごがつ(五月)　　じゅうご(十五)

＊ 단, 보통명사같이 사용되는 것은 비음화이다.

しちごさん(七五三)　　じゅうごや(十五夜)　　ためごろう(為五郎)

④ 가벼운 접두어 다음의 「が行」음

おげんき(お元気)　　ふごうり(不合理)

⑤ 의성어, 의태어, 한어의 연속어

ガタガタ　　ゲラゲラ　　けんけんごうごう(喧々囂々)

▶ 「ŋ」로 발음되는 것.

① 어중(語中)의 「が行」

みがく(磨く)　　かがやく(輝く)

② 조사의 「が」

はなが さく。

やったが しっぱいした。

③ 연결이 강한 복합어의 「が行」음

しょうがっこう(小学校)　　ちゅうがっこう(中学校)

단, 독립요소가 연결된 것은 비음화하지 않는다.

こうとうがっこう(高等学校)　　せんもんがっこう(専門学校)

④ 연탁(連濁)에 의해서 생긴 「が行」음

だいがいしゃ(大会社)　　かぶしきがいしゃ(株式会社)

ざ행

ざ	じ	ず	ぜ	ぞ	
dza	dʒi	dzɯ	dze	dzo	어두(語頭)
za	ʒi	zɯ	ze	zo	어중(語中)
ザ	ジ	ズ	ゼ	ゾ	
(za)	*(zi · ji)*	*(zu)*	*(ze)*	*(zo)*	

「ざ行」의 자음들은 어두(語頭)에 올 때와 어중(語中)에서 발음될 때 그 음이 같지 않다. 「ざ・ず・ぞ」를 발음할 때는 혀끝을 위쪽 윗몸 가까이에 대고 발음한다. 나중에 설명할 「じゃ・じゅ・じょ」와는 음운적으로 다르므로 유의하기 바란다.

「じ」는 우리가 「가지」, 「가진」이라 할 때의 제2음절 「지」에 가까우나 혀가 앞으로 나온다.

예 ざしき(座敷) 객실　　ひざ(膝) 무릎
じたい(事態) 사태　　さじ(匙) 숟가락
ずが(図画) 그림　　ねずみ(鼠) 쥐
ぜひ(是非) 꼭　　かぜ(風) 바람
かぞく(家族) 가족　　なぞ(謎) 수수께끼

だ행

だ	ぢ	づ	で	ど
da	dʒi	dzɯ	de	do
ダ	ヂ	ヅ	デ	ド
(da)	(zi · ji)	(zu)	(de)	(do)

현대 일본어에서는 「ぢ」와 「づ」는 각기 「じ」, 「ず」와 똑같이 된다. 발음이 겹쳐짐에 따라 연탁(連濁)되는 경우는 「ちか+つく→ちかづく」, 「はな+ち→はなぢ」로, 똑같은 음이 되풀이 되는 경우에는 「つづく」, 「ちぢむ」등은 「ぢ」, 「づ」로 쓴다.

「だ・で・ど」는 우리가 「다다」, 「데데」, 「도도」라고 할 때의 제2음절 「ㄷ」에 가까운 탁음이다. 그래서 「다다」는 일본어로 「ただ」가 되고 「데데」는 「てで」, 「도도」는 「とど」가 된다.

예 だいがく(大学) 대학　　かだい(課題) 과제
でぐち(出口) 출구　　ふで(筆) 붓
どく(毒) 독　　まど(窓) 창문

ば행

ば	び	ぶ	べ	ぼ
ba	bi	bɯ	be	bo
バ	ビ	ブ	ベ	ボ
(ba)	(bi)	(bu)	(be)	(bo)

「ば行」의 자음은 우리가 「바바」할 때의 제2음절 「ㅂ」과 비슷하다.

예 ばか(馬鹿) 바보　　かば(河馬) 하마
びくびく 빌빌　　へび(蛇) 뱀
ぶた(豚) 돼지　　あぶら(油) 기름
べに(紅) 연지　　かべ(壁) 벽

ぼこく(母国) 모국　　　つぼ(壺) 항아리

3) 반탁음(半濁音)

ぱ행

ぱ	ぴ	ぷ	ぺ	ぽ
pa	pi	pɯ	pe	po
パ	ピ	プ	ペ	ポ
(pa)	*(pi)*	*(pu)*	*(pe)*	*(po)*

「ぱ・ぴ・ぷ・ぺ・ぽ」를 본서(本書)에서는 편의상 [pa · pi · pɯ · pe · po]로 표기하지만, 「파 · 피 · 푸 · 페 · 포」의 「ㅍ」 소리가 아닌 것에 주의하기 바란다. 「ぱ行」은 외래어 · 의성어 · 의태어에 나오는 발음이다.

예 ぱちぱち 깜빡깜빡　　　パズル 퍼즐
ぴくぴく 실룩실룩　　　ピアノ 피아노
ぷかぷか 뻐끔뻐끔　　　プリント 프린트
ぺこぺこ 굽실굽실　　　ペスト 페스트
ぽかぽか 따끈따끈　　　ポパイ 뽀빠이

3 특수음

1) 요음(拗音)

「イ段」(き・し・ち・に・ひ・み・り・ぎ・じ・ぢ・び・ぴ)을 반모음 「や・ゆ・よ」와 함께 한 박(拍)으로 발음하는 것을 말한다. 이 경우 표기는 다른 글자보다 「や・ゆ・よ」를 작게 써서 표기한다. 예를 들면 「きやく」는 3박자인데 비하여 「きゃく」는 2박자이다.

きゃ	きゅ	きょ
kja	kjɯ	kjo
キャ	キュ	キョ
(kya)	*(kyu)*	*(kyo)*

예 きゃく(客) 손님　　　きゃくほん(脚本) 각본
きゅうか(休暇) 휴가　　　きゅうこう(急行) 급행

きょひ(拒否) 거부　　きょり(距離) 거리

しゃ	しゅ	しょ
ʃa	ʃɯ	ʃo
シャ	シュ	ショ
(sya · sha)	*(syu · shu)*	*(syo · sho)*

예 しゃかい(社会) 사회　　しゃくど(尺度) 척도
しゅたい(主体) 주체　　かしゅ(歌手) 가수
しょけん(所見) 소견　　ばしょ(場所) 장소

ちゃ	ちゅ	ちょ
tʃa	tʃɯ	tʃo
チャ	チュ	チョ
(tya · cha)	*(tyu · chu)*	*(tyo · cho)*

예 ちゃくりく(着陸) 착륙　　ちゃだい(茶代) 차값
ちゅうしゃ(注射) 주사　　ちゅうい(注意) 주의
ちょしょ(著書) 저서　　ちょくせつ(直接) 직접

にゃ	にゅ	にょ
ɲa	ɲɯ	ɲo
ニャ	ニュ	ニョ
(nya)	*(nyu)*	*(nyo)*

예 ろうにゃく(老若) 노약　　こんにゃく 곤약
にゅうじ(乳児) 유아　　きにゅう(記入) 기입
にょじつ(如実) 여실　　せんにょ(仙女) 선녀

ひゃ	ひゅ	ひょ
ça	çɯ	ço
ヒャ	ヒュ	ヒョ
(hya)	(hyu)	(hyo)

예 ひゃく(百) 백　　きゅうひゃく(九百) 구백
ひゅうひゅう 윙윙　　ひゅうが(日向) 휴가(지명)
ひょうき(表記) 표기　　ひょうし(拍子) 박자

みゃ	みゅ	みょ
mja	mjɯ	mjo
ミャ	ミュ	ミョ
(mya)	(myu)	(myo)

예 みゃく(脈) 맥　　さんみゃく(山脈) 산맥
ミュージカル 뮤지컬　　ミュージック 뮤직
みょうにち(明日) 내일　　みょうあん(妙案) 묘안

りゃ	りゅ	りょ
ɾa	ɾɯ	ɾo
リャ	リュ	リョ
(rya)	(ryu)	(ryo)

예 りゃくじ(略字) 약자　　りゃくだつ(略奪) 약탈
りゅう(竜) 용　　りゅうねん(留年) 유급
りょかくき(旅客機) 여객기　　りょしゅう(旅愁) 여수

* 「りょかくき」를 「りょかっき」로 발음하는 경우도 있다.

ぎゃ	ぎゅ	ぎょ
gja	gjɯ	gjo
ギャ	ギュ	ギョ

「g」와 「ŋ」의 구별은 「が行」음과 같다.

예 ぎゃくたい(虐待) 학대　　あんぎゃ(行脚) 행각
ぎゅうば(牛馬) 우마　　すいぎゅう(水牛) 물소
ぎょふ(漁夫) 어부　　にんぎょ(人魚) 인어

じゃ	じゅ	じょ	
dʒa	dʒɯ	dʒo	어두(語頭)
ʒa	ʒɯ	ʒo	어중(語中)
ジャ	ジュ	ジョ	

(zya · ja)　　*(zyu · ju)*　　*(zyo · jo)*

예 じゃり(砂利) 지길　　くじゃく(孔雀) 공작
じゅだく(受諾) 수락　　にじゅう(二十) 이십
じょし(女子) 여자　　べんじょ(便所) 변소

ぢゃ	ぢゅ	ぢょ	
dʒa	dʒɯ	dʒo	어두(語頭)
ʒa	ʒɯ	ʒo	어중(語中)
ヂャ	ヂュ	ヂョ	

(zya · ja)　　*(zyu · ju)*　　*(zyo · jo)*

「ぢゃ・ぢゅ・ぢょ」의 발음은 「じゃ・じゅ・じょ」와 똑같다.

びゃ	びゅ	びょ
bja	bjɯ	bjo
ビャ	ビュ	ビョ
(bya)	*(byu)*	*(byo)*

예 びゃくや(白夜) 백야　　さんびゃく(三百) 삼백
びゅうけん(謬見) 잘못된 생각　　ビューティー 뷰티
びょうき(病気) 병　　けびょう(仮病) 꾀병

ぴゃ	ぴゅ	ぴょ
pja	pjɯ	pjo
ピャ	ピュ	ピョ
(pya)	*(pyu)*	*(pyo)*

예 ろっぴゃく(六百) 육백　　はっぴゃく(八百) 팔백
ピューマ 퓨마　　コンピューター 컴퓨터
ぴょんぴょん 깡충깡충　　ねんぴょう(年表) 연대표

2) 발음(撥音)

「ん」의 발음은 상황에 따라 즉, 「ん」 뒤에 어떤 음이 오는가에 따라서 [m] · [n] · [ŋ]의 소리로 구별되어 있다. 일본 사람은 이 구별을 모르고 무의식중에 발음하고 있지만 우리에게는 [m]은 「ㅁ」, [n]은 「ㄴ」, [ŋ]은 「ㅇ」받침으로 구별되어 들린다.
그러나 「ㅁ · ㄴ · ㅇ」은 받침인 소리로 들리지만 「ん」은 한 박(拍)으로 읽어야만 한다. 예를 들면 「山」은 우리말에서 「산」 한 박자가 되나, 일본어에서는 「さん」 두 박자가 된다. 말하자면 「사ㄴ」으로 받침도 한 박으로 세는 셈이다.

① [m]발음

[m · b · p](ま行・ば行・ぱ行) 음소리 앞에서는 「ん」이 [m]소리로 된다. 즉 「ㅁ」 받침소리로 들리는 것이다.

예 m せんもん(専門) 전문　　ぶんめい(文明) 문명
b びんぼう(貧乏) 가난함　　かんび(完備) 완비
p しんぱい(心配) 염려　　えんぴつ(鉛筆) 연필

② [n]발음

[s · t · n · r · z · d](さ行・た行・な行・ら行・ざ行・だ行) 음소리 앞에서는 「ん」이 [n]소리로 된다. 즉, 「ㄴ」 받침소리로 들리는 것이다.

예 s さんせい(賛成) 찬성 ぐんせい(軍政) 군정
t はんたい(反対) 반대 さんち(山地) 산지
n あんない(案内) 안내 きんにく(筋肉) 근육
r べんり(便利) 편리 しんらい(信頼) 신뢰
z ぎんざ(銀座) 동경에 있는 번화가 きんぞく(勤続) 근속
d げんだい(現代) 현대 きんだい(近代) 근대

③ [ŋ]발음

[k · g · ŋ](か行・が行) 음소리 앞에서는 「ん」이 [ŋ]소리로 된다. 즉, 「ㅇ」 받침소리로 들리는 것이다.

예 k てんき(天気) 날씨 けんこく(建国) 건국
g げんき(元気) 건강 しんがいしゃ(新会社) 신회사
o しんごう(信号) 신호 しんぐ(寝具) 침구

④ 기타의 자음, 또는 모음 즉, あ行・は行・や行・わ行 음소리 앞에서의 「ん」은 [ṽ]소리가 된다. 이 [ṽ]소리는 모음이 비모음(콧소리)으로 발음된다.

예 れんあい(恋愛) 연애 でんわ(電話) 전화
ほんや(本屋) 서점 こんいん(婚姻) 혼인

그러나 ④발음은 ③발음과 일본인도 확실히 구별해서 발음이 어렵고, 학자에 따라서 ④를 ③에 포함시킬 때도 있다. 특히 일본어 초급자는 ④를 ③으로 발음해도 무난하다.

3) 촉음(促音)

촉음은 「つ」자를 작게 쓴 「っ」소리로 표기한다. 어두(語頭) 이외 위치로 모음 뒤, 무성자음 앞에 나타난다. 그러나 강조(「アッ」, 「すっごく」 등)나 외래어는 예외이다.
일본인의 의식으로서는 촉음이 하나이나, 실제로는 여러 이음(異音)이 있고 [p · t · k · s]의 이중자음인 막힌 소리로 나타낸다.

예 やっぱり yappari 역시 がっこう gakkou 학교
はったつ hattatsu 발달 はっせん hassen 팔천
きって kitte 우표

그런데 이것은 우리말의 된소리와는 다르다. 초보자들은 흔히 위의 발음을 「やっぱり→ 야빠리」, 「きって→ 기떼」라고 발음하기 쉬우나, 「やっぱり」의 「っ」와 「ぱ」는 같은 한 박자의 길이를 갖는 소리로, 이 사실은 다음 말과 비교해 보면 확실해질 것이다.

예

2박자	3박자
かた(肩) 어깨	かった(勝った) 이겼다
せと(瀬戸) 좁은 해협	セット(set) 세트
ねこ(猫) 고양이	ねっこ(根っこ) 뿌리
まち(町) 거리	マッチ 성냥
はか(墓) 무덤, 묘	はっか 박하

4) 장음(長音)

일본어의 장음은 우리말처럼 「1박자+a」의 음이 아니라, 모음과 모음이 합쳐져서 2박자가 되는 음이다. 즉, 「おかあさん」의 경우 「か(ka)」의 「a」와 다음 「あ(a)」가 합쳐서 [a－]로 길게 2박자의 발음을 하게 된다.

다음과 같이 7종류의 장음이 있다.

① 같은 모음이 연속될 경우

예 ああ　aa→ a－　おかあさん[oka： san] 어머니
　　ka+a→ ka－

いい　ii→ i－　おにいさん[oini： san] 형, 오빠
　　oni+i→ sa－

うう　ɯɯ→ɯ－　くうき[kɯ： ki] 공기
　　ku+u→ ku－

ええ　ee→ e－　おねえさん[one： san] 누나, 언니
　　ne+e→ ne－

おお　oo→ o－　おおさか[o： saka] 오사카
　　o+o→ o－

② 다른 모음이 연속될 경우

예 えい　ei→ e－　えいご[e： go] 영어
　　e+i→ e－

おう　ou→ o－　こうこう[ko： ko：] 고교, 고등학교
　　ko+u→ ko－

5) 발음의 변화

조사를 「かな」로 표기할 때에, 문자 원래의 발음과는 다른 「かな」로 표기하는 경우가 있다.

예			
は	ha→ wa	わたしは がくせいです。	나는 학생입니다. [wa]
へ	he→ e	がっこうへ いきます。	학교에 갑니다. [e]

4 외래어의 표기

외래어는 「カタカナ」로 쓰며, 여기서 말하는 외래어는 주로 구미어가 일본어로 동화(同化)된 것을 말한다.

외래어에는 다음과 같은 3가지 종류가 있다.

① 외래어가 들어오기 시작된 역사는 오래되었으며, 일본어에 동화되어 국민들이 이를 외래어라고 느끼지 않는 것으로, 예를 들면 「たばこ・かっぱ・きせる」 등이 있다.

② 이미 일본어로서 동화된 것인데 더욱 더 외래어의 느낌을 가지고 있는 것으로, 예를 들면 「オーバー・ラジオ」 등이 있다.

③ 외래어라는 느낌을 아직까지 간직하고 있는 것으로, 예를 들면 「オーソリティー・フィアンセ」 등이 있다.

2 강독편

1 これは　ほんです。
2 ここに　ほんが　あります。
3 あなたは　だれですか。
4 あかい紙と　あおい紙
5 いなかの　小学校
6 今日は　何月何日ですか。
7 日本の四季
8 今、何時ですか。
9 きのうは何をしましたか。
10 こちらに来てください。
11 口ではなすことができます。
12 今、何をしていますか。
13 黒いスーツをきています。
14 まどはあけてありますか。
15 あいさつ
16 家族の紹介

1 これは　ほんです。

文型 1.　これは　ほんです。이것은 책입니다.

文型 2.　これは　ほんでは　ありません。이것은 책이 아닙니다.

文型 3.　これは　ほんですか。이것은 책입니까?

文型 4.　これは　なんですか。이것은 무엇입니까?

2

1

たなか　これは　ほんですか。

パク　はい、それは　ほんです。

たなか　これも　ほんですか。

パク　いいえ、それは　ほんでは　ありません。

たなか　では、これは　なんですか。

パク　それは　ノートです。

やまだ　えんぴつは　これですか。

キム　はい、えんぴつは　それです。

やまだ　これも　そうですか。

キム　いいえ、そうでは　ありません。えんぴつは　これです。

それは　ボールペンです。

2 すずき　チョークは　どれですか。

イ　チョークは　あれです。

すずき　まんねんひつは　どちらですか。

イ　まんねんひつは　こちらです。 そちらは　ボールペンです。

たなか　あれは　こくばんですか。

パク　はい、 そうです。

たなか　あれも　こくばんですか。

パク　いいえ、 そうでは　ありません。 まどです。

たなか　それも　こくばんでは　ありませんか。

パク　はい、 そうです。 かべです。

たなか　では、 これも　こくばんでは　ありませんか。

パク　いいえ、 そうでは　ありません。 こくばんです。

새로운 단어

これ 이것

あれ 저것

～は ～는, 은

～です ～입니다

～か ～까?

はい 예

本(ほん) 책

鉛筆(えんぴつ) 연필

チョーク 분필

そうです 그렇습니다.

窓(まど) 창문

どちら 어느 쪽

そちら 그쪽

それ 그것

どれ 어느 것

～も ～도

～では ありません ～가(이) 아닙니다

では 그럼

いいえ 아니오

ノート 노트

ボールペン 볼펜

万年筆(まんねんひつ) 만년필

黒板(こくばん) 칠판

壁(かべ) 벽

こちら 이쪽

학습요점

1「は」

부조사「は」는 체언 · 용언 및 여러 말에 붙어, 다른 사물과 구별하여 두드러지게 나타낼 때 즉, 구별과 강조의 뜻을 나타낼 때 쓰인다. 또 조사로 쓰이는「は」는 [ha]로 발음하지 않고 [wa]로 발음한다. 우리말의「~은, ~는」에 해당한다.

예 あの人(ひと)は 日本人(にほんじん)では ありません。 저 사람은 일본인이 아닙니다. (구별)
お金(かね)が なくては なにも できない。 돈이 없으면 아무것도 못한다. (강조)

2「も」

부조사「も」는 체언 및 용언을 비롯하여, 여러 가지 말에 접속해 같은 종류 · 병렬 · 강조의 뜻을 나타낸다.

예 これは ほんです。 이것은 책입니다. (같은 종류)
ほんも ノートも えんぴつも あります。 책도 노트도 연필도 있습니다. (병렬)
十年(じゅうねん)も たちました。 십년이나 지났습니다. (강조)

3「です」와「だ」

「です」와「だ」는 둘 다 단정 조동사이다.「だ」는 무엇(이다)라고 단정하는 뜻을 나타낸다.「です」는「だ」와 같이 단정하는 뜻을 나타내지만,「だ」보다 정중한 뜻을 나타낸다. 즉 무엇(입니다)라는 뜻이 된다.

예 これは ほんだ。 이것은 책이다.
これは ほんです。 이것은 책입니다.

4「ですか」

「ですか」는「です(입니다)」에 의문의 뜻을 나타내는 종조사「か」가 붙은 것으로「ですか(입니까?)」의 뜻이 된다. 또,「か」는 동사의 경우도 마찬가지로「いきます(갑니다)」에「か」가 붙어서「いきますか(갑니까?)」가 된다.

예 これは　ほんです。 이것은 책입니다.
これは　ほんですか。 이것은 책입니까?

がっこうへ　いきます。 학교에 갑니다.

がっこうへ　いきますか。 학교에 갑니까?

5「では　ありません」

단정의 뜻으로 「N입니다」에 해당하는 「Nです」의 부정형은 문어체에서는 「Nでは　ありません」이 되지만, 회화체에서는 보통 「Nじゃ　ありません」이라고 한다.
그리고 「Nでも　ありません」은 「N도 아닙니다」가 된다.

예 これは　ほんでも　ありません。 이것은 책도 아닙니다.

6「なんですか」

「なん」은 「なに(何)」로 「무엇」이라는 뜻이고, 이것에 「ですか(입니까?)」가 붙어서 「なんですか(무엇입니까?)」가 된다.

예 これは　なんですか。 이것은 무엇입니까?

7「そうです」

「そうです(그렇습니다)」의 부정은 「そうでは(じゃ)　ありません」이 되지만, 보통 「ちがいます」라고도 할 수 있다. 후자는 우리말의 「아닙니다」와 같이 간단히 부정할 때 쓰고, 전자는 「그렇지 않습니다」와 같이 의견을 가지고 부정할 때 쓰게 된다.

8「はい/いいえ」

긍정형이나 부정형에 관계 없이 물음에 긍정할 때는「はい(네)」로, 부정할 때는「いいえ(아니오)」로 대답한다. 우리말과 같다.

① 긍정형

예 これは ほんですか。 이것은 책입니까? (물음)

— はい、それは ほんです。 네, 그것은 책입니다. (긍정)

— いいえ、それは ほんでは ありません。 아니오, 그것은 책이 아닙니다. (부정)

② 부정형

예 これは ほんでは ありませんか。 이것은 책이 아닙니까? (물음)

— はい、それは ほんでは ありません。 네, 그것은 책이 아닙니다. (긍정)

— いいえ、それは ほんです。 아니오, 그것은 책입니다. (부정)

9「こ・そ・あ・ど」ことば(말)

	근칭(近称)	중칭(中称)	원칭(遠称)	부정칭(不定称)
사물	これ(이것)	それ(그것)	あれ(저것)	どれ(어느 것)
장소	ここ(여기)	そこ(거기)	あそこ(저기)	どこ(어디)
방향	こちら・こっち(이쪽)	そちら・そっち(그쪽)	あちら・あっち(저쪽)	どちら・どっち(어느 쪽)

연체사

この(이)	その(그)	あの(저)	どの(어느)
こんな(이런)	そんな(그런)	あんな(저런)	どんな(어떤)

참고「こんな・そんな・あんな・どんな」를 형용동사의 연체형이라고 하는 학설도 있다.

10「では」

「では」는「それでは(그러면/그럼)」의 준말이다. 회화체에서는「じゃ」,「それじゃ」를 일반적으로 사용하고 있다.

Column

일본의 위치 · 넓이

일본은 아시아 대륙의 동쪽에 길이 3,000km에 걸쳐서 활 모양으로 위치한 섬나라이다. 거기에 오키나와까지 포함하면 5,000km를 넘는다. 또 일본이 자기 영토라 주장하는 구릴열도까지 포함하면 8,000km를 넘는다.

북쪽에서 홋카이도(北海道) · 혼슈(本州) · 시코쿠(四国) · 규슈(九州) 등 4개의 주된 섬 외에 산재해 있는 7,000여개의 섬으로 되어 있다.

일본 열도는 북위 20도(오키노토리 섬: 沖ノ鳥島)에서 북위 46도(일본이 영토로 주장하는 구릴열도까지 포함하면 50도)에 위치하고 있다. 수도 도쿄(東京)는 동경 140도(뉴기니아 섬이나 오스트레일리아 대륙의 중앙과 거의 같은 위치), 북위 36도(우리나라의 대구, 이란의 테헤란, 지중해의 몰타섬 등과 거의 같은 위치)에 위치하고 있다.

일본의 국토 면적은 약 37.8만㎢ 이고, 세계 육지 면적의 0.3%에 불과하다. 우리 나라(북한 포함)의 약 1.7배이며, 말레이시아보다 약간 크고, 중국의 26분의 1, 미국의 25분의 1, 브라질의 23분의 1에 달한다.

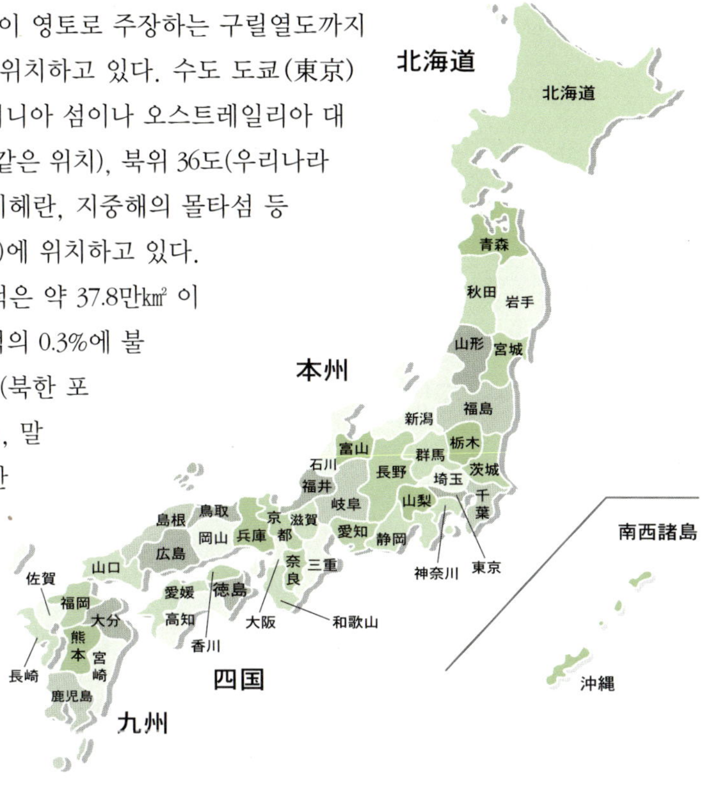

2 ここに　ほんが　あります。

文型 1. ここに　ほんが　あります。여기에 책이 있습니다.

文型 2. つくえの　うえに　ほんが　あります。책상 위에 책이 있습니다.

文型 3. なにが / なにか　ありますか。무엇이 / 무엇인가 있습니까?

4

1

たかはし　ここは　どこですか。

さとう　ここは　くだもの屋(や)です。

たかはし　くだもの屋(や)には　なにが　ありますか。

さとう　りんごと　みかんと　かきと　ももと　バナナが　あります。

たかはし　となりは　なんですか。

さとう　そこは　やお屋(や)です。

だいこんや　はくさいや　ネギ　などが　あります。

たかはし　あそこは　なに屋(や)ですか。

さとう　肉屋(にくや)で、ぶた肉(にく)と　牛肉(ぎゅうにく)が　あります。

それに　ハムと　ソーセージが　あります。

2

やまもと　ここは　どこですか。

なかむら　ここは　台所(だいどころ)です。 テーブルが　あります。

やまもと　テーブルの　うえに　なにか　ありますか。

なかむら　はい、 あります。
牛肉(ぎゅうにく)と　ジャガイモと　ニンジンと　タマネギ、 カレー粉(こ)が　あります。 夕食(ゆうしょく)の　材料(ざいりょう)です。

やまもと　夕食(ゆうしょく)は　カレーですね。

なかむら　はい、 そうです。

やまもと　テーブルの　したにも　なにか　ありますか。

なかむら　したには　なにも　ありません。

やまもと　あれは　なんですか。

なかむら　あれですか。 あれは　れいぞうこです。

やまもと　なかに　なにが　ありますか。

なかむら　やさいや　くだものや　にくなど　いろいろな　ものが　あります。

やまもと　その　よこに　なにが　ありますか。

なかむら　電子(でんし)レンジと　ガスレンジです。

새로운 단어

机(つくえ) 책상

そこ 거기

どこ 어디

果物(くだもの) 과일

みかん 귤

桃(もも) 복숭아

となり 이웃(집), 옆

大根(だいこん) 무우

ネギ 파

豚肉(ぶたにく) 돼지고기

それに 게다가

ソーセージ 소세지

テーブル 테이블

下(した) 밑, 아래

ジャガイモ 감자

タマネギ 양파

カレーライス 카레라이스

夕食(ゆうしょく) 저녁식사

野菜(やさい) 야채

電子(でんし)レンジ 전자렌지

ここ 여기

あそこ 저기

果物屋(くだものや) 과일가게

りんご 사과

柿(かき) 감

バナナ 바나나

八百屋(やおや) 야채가게

白菜(はくさい) 배추

~屋(や) ~가게

牛肉(ぎゅうにく) 쇠고기

ハム 햄

台所(だいどころ) 부엌

上(うえ) 위

中(なか) 안, 속

ニンジン 당근

カレー 카레

粉(こ) 가루, 분말

材料(ざいりょう) 재료

肉(にく) 고기

ガスレンジ 가스렌지

학 습 요 점

1「あります」와「ありません」

「あります」는 우리말로「있습니다」가 되고, 이「あります」의 부정은「ありません」이 된다.

2「なにか　ありますか」와「なにが　ありますか」

「なにか」와「なにが」는 잘 듣지 않으면 우리는 구별하기 어렵다.「なにか」는「무엇인가」가 되고,「なにが」는「무엇이」가 된다. 그 대답도「なにか　ありますか」에 대해서는 있는지 없는지 대답하면 되고,「なにが　ありますか」에 대해서는 구체적으로 무엇이 있는지 대답해야 한다.

예 ここに　なにか　ありますか。 여기에 무엇인가 있습니까?
　— はい、あります。 예, 있습니다.
　— いいえ、ありません。 아니오, 없습니다.

ここに　なにが　ありますか。 여기에 무엇이 있습니까?
　— えんぴつと　ノートが　あります。 연필과 노트가 있습니다.

3「の」의 용법

격조사「の」에는 다음 세 가지 뜻이 있다.

① 체언을 수식한다.

예 夕食(ゆうしょく)の　材料(ざいりょう) 저녁식사의 재료
わたしの　本(ほん) 나의 책

② 주어를 나타낸다.

예 てんきの　よい　日(ひ)が　いい。 날씨가 좋은 날이 좋다.
雪(ゆき)の　ふる　よるだった。 눈이 내리는 밤이었다.

③ 체언의 자격을 갖는다. 즉, 형식명사와 같은 역할을 한다.

예 あなたのは　これだ。 당신의 것은 이것이다.
これは　わたしのだ。 이것은 나의 것이다.

4「と/や」

「と」는 우리말「~와, ~과」에 해당하며, 여러 개를 열거할 때에 쓰고,「や」는 우리말「~랑, ~나」등에 해당하며,「や~や~など」의 형태로 씀.

예 りんごと みかんと かきと ももが あります。 사과와 귤과 감과 복숭아가 있습니다.
だいこんや はくさいや ネギや タマネギ などが あります。
무우랑 배추랑 파랑 양파 등이 있습니다.

5「なにも ありません」

「も」의 뒤에 부정을 나타내는 말이 붙어서「아무것도 없습니다」라는 의미를 나타낸다.

예 ここには なにも ありません。 여기에는 아무것도 없습니다.

6 ~屋

뒤에「屋」를 붙이면「~가게」란 뜻이 된다. 예를 들면「くだもの屋(과일가게)」,「やお屋(야채가게)」,「にく屋(정육점)」같이 된다. 그러나「屋」를 붙일 수 없는 경우도 있다. 그 때는「屋」대신「店」을 붙인다. 예를 들면「洋品店(양품점)」,「りはつ店(이발소)」등이 있다.

7「これですか」

2과 본문에서 나오는「これですか(이것 말입니까?)」의「か」는 의문을 나타내는 조사가 아니라, 확인을 나타내는 조사이다.

8 果物(くだもの)

- りんご：사과
- 柿(かき)：감
- まくわうり：참외
- ぶどう：포도
- 栗(くり)：밤
- パイナップル：파인애플
- みかん：귤
- バナナ：바나나
- なつめ：대추
- いちご：딸기
- オレンジ：오렌지
- さくらんぼ：버찌
- 梨(なし)：배
- 西瓜(すいか)：수박
- メロン：멜론
- 桃(もも)：복숭아
- レモン：레몬
- あんず：살구

9 野菜(やさい)

- 大根(だいこん)：무우
- キャベツ：양배추
- ネギ：파
- きゅうり：오이
- 白菜(はくさい)：배추
- ピーマン：피망
- きのこ：버섯
- ジャガイモ：감자
- ほうれんそう：시금치
- タマネギ：양파
- なすび：가지
- ニンジン：당근
- にんにく：마늘
- パセリ：파슬리
- さつまいも：고구마
- さといも：토란
- カボチャ：호박
- トマト：토마토
- だいず：대두, 콩
- とうがらし：고추

10 肉(にく)

- 牛肉(ぎゅうにく)：쇠고기
- 鳥肉(とりにく)：닭고기
- 豚肉(ぶたにく)：돼지고기
- 馬肉(ばにく)・さくら肉(にく)：말고기 *

* 일본에서는 개고기는 안 먹으나, 일반적으로 말고기는 잘 먹는다.

11 夕食(ゆうしょく)

- 朝御飯(あさごはん)・朝食(ちょうしょく)：아침식사
- 昼御飯(ひるごはん)・昼食(ちゅうしょく)：점심식사
- 晩(ばん)／夕御飯(ゆうごはん)・夕食(ゆうしょく)：저녁식사

12「テーブルの　うえに　あります」

「テーブルの　うえに　あります」는 우리말로 해석하면 「테이블 위에 있습니다」로 「테이블 위」와 같이 일반적으로 「~의」를 사용하지 않으나, 일본어에서는 명사와 명사가 이어질 때 복합명사가 아닌 경우 그 가운데에 「の」를 사용해야 한다.

예 学校(がっこう)の　施設(しせつ) 학교 시설
　 会社(かいしゃ)の　用事(ようじ) 회사 일

또 조사 「に」에는 여러 뜻이 있으나, 여기서는 장소를 나타내는 말로써 「~에」에 해당된다.

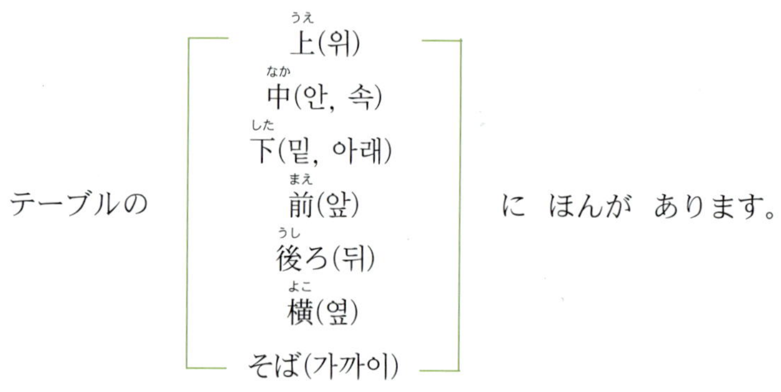

Column

일본의 기후

일본열도(오키나와까지 포함)는 남북 5,000km에 이르고, 아열대(亜熱帯)에서 아한대(亜寒帯)에 걸친데다가 복잡한 지형과 해류에 의한 영향도 크기 때문에 기후의 지역차가 현저하다. 연평균 기온은 남쪽 오키나와(沖縄)의 나하(那覇)가 22.4℃, 북쪽 홋카이도(北海道)의 네무로(根室)가 5.8℃이다.

그러나 홋카이도와 오키나와를 제외한 대부분의 지역은 해양성의 온난한 기후이고, 사계절 구분이 뚜렷이 나타나고 있다.

기복이 큰 산맥이 일본열도를 종단하고 있기 때문에 태평양쪽과 동해(일본에서는 일본해라고 한다)쪽의 기후차가 크다.

태평양쪽에서는 여름이면 남동 계절풍이 불어 매우 무덥고, 겨울에는 건조하고 맑은 날이 많다. 동해쪽에서는 겨울에 대륙방면으로 부터의 북서 계절풍에 의한 강설(降雪)이 많다.

홋카이도(北海道)를 제외한 지역에는 6월 초순부터 7월 중순에 걸쳐 고온다습한 장마가 있다. 이 장마를 일본말로 바이우(梅雨 : 쓰유)라고 부른다. 8월부터 10월에 걸쳐 일본열도(列島)의 남서부 지방은 태풍의 영향을 받는 경우가 많다.

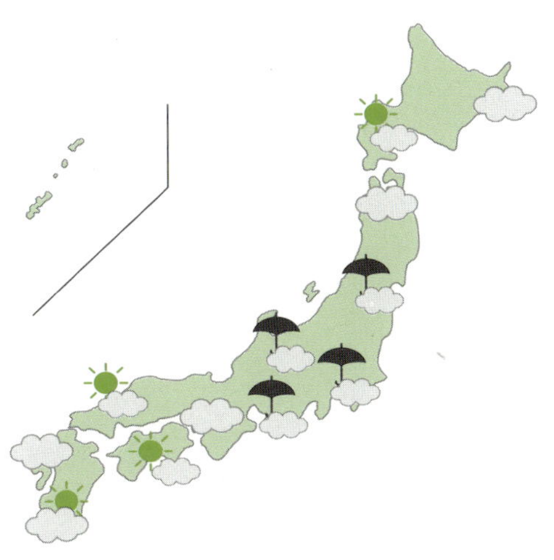

3 あなたは　だれですか。

文型 1.　　あなたは　だれですか。당신은 누구입니까?

文型 2.　　～が　います／～は　いません。～가 있습니다/～는 없습니다.

文型 3.　　だれが／だれか　いますか。누가/누군가 있습니까?

1　ここは　日本語学校(にほんごがっこう)です。日本人(にほんじん)の　先生(せんせい)と　韓国人(かんこくじん)・中国人(ちゅうごくじん)・アメリカ人(じん)・フランス人(じん)・イタリア人(じん)・スペイン人(じん)の　学生(がくせい)が　います。

金(キム)　おはよう。

朴(パク)　おはよう。

金(キム)　日本語学校(にほんごがっこう)の　学生(がくせい)は　みんな　韓国人(かんこくじん)ですか。

朴(パク)　いいえ、ほかの　外国人(がいこくじん)も　います。

金(キム)　アメリカ人(じん)も　いますか。

朴(パク)　はい、います。

金(キム)　ドイツ人(じん)も　いますか。

朴(パク)　ドイツ人(じん)は　いません。

金(キム)　どこの　国(くに)の　人(ひと)が　いますか。

朴(パク)　中国人(ちゅうごくじん)や　アメリカ人(じん)や　フランス人(じん)　などが　います。

7

2

山田(やまだ)　おはよう、 朴君(パクくん)。
朴(パク)　おはようございます。 山田先生(やまだせんせい)。
山田(やまだ)　その 人(ひと)は だれですか。
朴(パク)　わたしの 友人(ゆうじん)の 金君(キムくん)です。
山田(やまだ)　金君(キムくん)も 学生(がくせい)ですか。
朴(パク)　いいえ、 金君(キムくん)は 会社員(かいしゃいん)です。

8

3 （授業中(じゅぎょうちゅう)）

先生(せんせい)　あなたは だれですか。
学生(がくせい)　わたしは 朴(パク)です。
先生(せんせい)　あなたは 学生(がくせい)ですか、 会社員(かいしゃいん)ですか。
学生(がくせい)　留学生(りゅうがくせい)です。
先生(せんせい)　教室(きょうしつ)の 中(なか)に だれか いますか。
学生(がくせい)　はい、 います。
先生(せんせい)　だれが いますか。
学生(がくせい)　先生(せんせい)と 学生(がくせい)が います。
先生(せんせい)　では、 教室(きょうしつ)の そとに だれか いますか。
学生(がくせい)　教室(きょうしつ)の そとには だれも いません。
先生(せんせい)　なにか いますか。
学生(がくせい)　いぬと ねこが います。

새로운 단어

この 이

あの 저

あなた 당신

方(かた) 분

人(じん)・人(ひと) 인, 사람

中国(ちゅうごく) 중국

フランス 프랑스

スペイン 스페인

いません 없습니다

みんな 모두

外国(がいこく) 외국

君(くん) 군

会社員(かいしゃいん) 회사원

留学生(りゅうがくせい) 유학생

～に ~에

猫(ねこ) 고양이

その 그

どの 어느

私(わたし)・私(わたくし) 나, 저

日本(にほん) 일본

先生(せんせい) 선생(님)

アメリカ 미국

イタリア 이탈리아

います 있습니다

日本語(にほんご) 일본어

他(ほか)の 다른, 딴

ドイツ 독일

友人(ゆうじん) 친구

授業(じゅぎょう) 수업

教室(きょうしつ) 교실

外(そと) 밖, 바깥

犬(いぬ) 개

학 습 요 점

1「私」·「あなた」

人称代名詞

自称	対称	他称			不定称
		近称	中称	遠称	
私(저)	お宅(댁)	この方	その方	あの方(저 분)	どなた(어느 분)
私(저, 나)	あなた(당신)	(이 분)	(그 분)	あの人(저 사람)	だれ(누구)
僕(나)	君(너)	この人	その人	彼(그)	どの人
おれ(나)	おまえ(너)	(이 사람)	(그 사람)	彼女(그녀)	(어느 사람)

* 「ぼく・おれ・きみ・おまえ」 등은 주로 남성 용어이고, 윗사람에게는 삼가야 함.
* 「おれ・おまえ」는 거친 호칭임.
* 「あなた」는 동등이나 아랫사람에 대한 경어이고, 윗사람에게는 삼가야 함.

2「だれ」와「どなた」

「どなた」는 「だれ」의 경어이고, 「だれですか(누구입니까?)」에 대해서는 「どなたですか(누구십니까?)」가 된다.

예 この人は　だれですか。 이 사람은 누구입니까?
この方は　どなたですか。 이 분은 누구십니까?

3「で」

「で」는 종조사 「だ(이다)」의 연용형이고, 문장을 중간에서 중지시키는 중지법에서 사용되어 「이고」라는 뜻을 나타낸다.

예 これは　えんぴつで、あれは　まんねんひつです。 이것은 연필이고, 저것은 만년필입니다.
わたしは　韓国人で、学生だ。 나는 한국인이고, 학생이다.

4 「います」와 「いません」

「います」는 「あります」와 같이 우리말로 「있습니다」가 되나, 이 두 가지는 일본어에서는 명백한 구별이 있다.

「います」는 생명을 가지고 움직일 수 있는 인간과 동물 등의 존재를 나타낸다. 그러니까 생명이 있어도 움직일 수 없는 식물 등은 「あります」를 사용하고, 또 움직일 수 있어도 생명이 없는 자동차 등도 역시 「あります」를 사용한다.

「いません」은 「います」의 부정형으로 「없습니다」가 된다.

예 本(ほん)と　ノートが　あります。 책과 노트가 있습니다.

自動車(じどうしゃ)が　あります。 자동차가 있습니다.

すいかと　ぶどうが　あります。 수박과 포도가 있습니다.

先生(せんせい)と　学生(がくせい)が　います。 선생님과 학생이 있습니다.

いぬと　ねこが　います。 개와 고양이가 있습니다.

5 「だれか　いますか」와 「だれが　いますか」

2과에 나온 「なにか」와 「なにが」와 같은 것으로, 「だれか」와 「だれが」도 잘 듣지 않으면 우리는 구별하기 어렵다. 「だれか」는 「누군가」가 되고, 「だれが」는 「누가」가 된다.

그 대답도 「だれか　いますか」에 대해서는 있는지 없는지를 대답하면 되고, 「だれが　いますか」에 대해서는 구체적으로 무엇이 있는지를 대답해야 한다.

예 ここに　だれか　いますか。 여기에 누군가 있습니까?

— はい、います。/ いいえ、いません。 네, 있습니다./ 아니오, 없습니다.

ここに　だれが　いますか。 여기에 누가 있습니까?

— 朴(パク)さんと　李(イ)さんが　います。 박 씨와 이 씨가 있습니다.

6 「だれも　いません」

2 과에서 나온 「なにも　ありません」과 같이 「も」의 뒤에 부정을 나타내는 말이 붙어서 「아무도 없습니다」라는 의미를 나타낸다.

예 ここには　だれも　いません。 여기에는 아무도 없습니다.

日本人(にほんじん)は　だれも　いません。 일본인은 아무도 없습니다.

7 세계 여러 나라와 사람과 말

外国：외국
韓国：한국
中国：중국
日本：일본*
アメリカ(米国): 미국
イギリス(英国): 영국
フランス：프랑스
ドイツ：독일
イタリア：이탈리아
スペイン：스페인

外国人：외국인
韓国人：한국인
中国人：중국인
日本人：일본인
アメリカ人(米国人): 미국인
イギリス人(英国人): 영국인
フランス人：프랑스인
ドイツ人：독일인
イタリア人：이탈리아인
スペイン人：스페인인

外国語：외국어
韓国語：한국어
中国語：중국어
日本語:일본어
米語(英語): 미어**
英語：영어
フランス語：프랑스어
ドイツ語：독일어
イタリア語：이탈리아어
スペイン語：스페인어

* 「日本」은 「にほん」와 「にっぽん」의 두 가지 읽는 법이 있다.

** 요즘 미국에서 사용하고 있는 말은 영어와 구별해서 「미어(米語)」라고 말하는 경우가 있다.

8 「おはようございます」

「おはよう」는 아침 인사말로 이것에 「ございます」를 붙이면 정중한 말이 된다.

아침 인사말	おはようございます
낮 인사말	こんにちは
저녁 인사말	こんばんは
잘 때 인사말	おやすみなさい

9 「なにが　いますか」

「います」는 동물에게도 사용할 수 있으나 「だれ」는 사람에게만 사용할 수 있는 것이다. 그 때문에 동물 등이 있는지 없는지 물을 때 「なにが　いますか」를 사용한다.

예 ここに　だれが　いますか。 여기에 누가 있습니까?
— 朴(パク)さんと　李(イ)さんが　います。 박 씨와 이 씨가 있습니다.

ここに　なにが　いますか。 여기에 무엇이 있습니까?
— ねこと　いぬが　います。 고양이와 개가 있습니다.

10 ~さん/君

「~さん」은 우리말로 「~선생님, ~선생, ~씨」와 같이 흔히 사용되는 경칭이다. 남학생이나 연하에게는 주로 「君」을 쓴다. 그러나 여성에게는 「君」은 사용할 수 없고, 연하에게도 흔히 「~さん」을 사용한다. 또 「先生」는 실제로 가르치고 있는 사람 즉, 학교 선생이나 학원 선생에게만 사용하는 경칭이고, 특별한 경우로 의원 · 변호사 · 의사에게도 사용한다. 「先生」만으로도 최고 경칭이 되며, 따로 「様(님)」등은 붙이지 않는다.

① 보통형 – 山田さん、秀子さん
② 격식을 갖춘 형 – 鈴木太郎様、山本次郎様
③ 남학생용어 · 연하 – 田中君、中村君
④ 직장용어 – 직장에서의 직위명이 그대로 경칭이 된다. 山本社長, 田中理事, 小林課長 등이다. 이것들에 「さん」, 「さま」를 붙여 부를 필요는 없다. 그러나 직위명이 없는 사람에게는 「さん」을 붙여 부른다.
⑤ 의원 · 변호사 · 의사 · 선생 – 「~先生」를 사용한다. 그러나 그 뒤에 「さま」를 붙이지 않는다.

11 「韓国の 朴です」

여기에 나오는 「の」는 「~의」라기 보다 「~에서 온」이란 뜻으로써 「한국에서 온 박입니다」가 된다.

Column

일본의 인구

일본의 인구는 2004년 현재 1억 2,669만명(남자 6,197만명, 여자 6,472만명)이고, 이는 중국(12억 9,533만명), 인도(10억 2,700만명), 미국(2억 7,650만명), 인도네시아(2억 345만명), 브라질(1억 6,954만명), 러시아(1억 4,600만명, 1999년), 파키스탄(1억 3,902만명, 1996년)에 이어 세계 제 8위이다.

인구의 분포(分布)는, 따뜻하고 교통 · 산업이 발달한 태평양쪽의 해안을 따라 평야가 많은 혼슈(本州)에 일본 전체인구의 70%가 모여 있다. 또 공업의 발전과 더불어 인구가 도시로 집중하여 농가에서는 현저하게 감소하였다.

2005년 현재, 도쿄(東京) 814만명(23구)를 필두로 인구 100만 이상의 13개 도시로는 오사카(大阪), 나고야(名古屋), 요코하마(横浜), 교토(京都), 고베(神戸), 삿뽀로(札幌), 후쿠오카(福岡), 기타큐슈(北九州), 가와사키(川崎), 사이타마(埼玉), 센다이(仙台) 등이 있다. 그 밖에 일본에는 약 650개의 시가 있다.

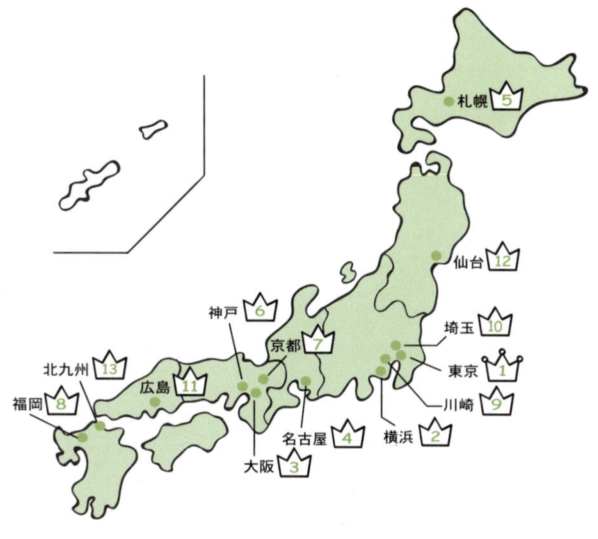

일본의 인구분포 순위

4 あかい 紙(かみ)と あおい 紙(かみ)

文型 1. この 紙(かみ)は あかい。이 종이는 빨갛다

この 紙は あかく ありません。이 종이는 빨갛지 않습니다.

文型 2. この 部屋(へや)は しずかだ。이 방은 조용하다.

この 部屋は しずかでは ありません。이 방은 조용하지 않습니다.

1 前田(まえだ) ここに 四種類(よんしゅるい)の 紙(かみ)が あります。
赤(あか)い 紙(かみ)と 青(あお)い 紙(かみ)と 白(しろ)い 紙(かみ)と 黒(くろ)い 紙(かみ)です。
この 紙(かみ)は 何色(なにいろ)ですか。

小林(こばやし) それは 赤色(あかいろ)です。

前田(まえだ) これも 赤色(あかいろ)ですか。

小林(こばやし) いいえ、 それは 赤色(あかいろ)では ありません。 青色(あおいろ)です。

前田(まえだ) この 紙(かみ)は 赤(あか)いですか、 青(あお)いですか。

小林(こばやし) それは 赤(あか)くも 青(あお)くも ありません。 黒(くろ)い 紙(かみ)です。

前田　白い　紙は　どれですか。

小林　これです。

前田　ほかに　白い　ものに　どんな　ものが　ありますか。

小林　チョーク、　それに　ペンケースも　白色です。

前田　かべも　白く　ありませんか。

小林　いいえ、　かべは　黄色です。

前田　黒い　ものには　どんな　ものが　ありますか。

小林　黒板や　まんねんひつの　インクなどが　あります。

2

山口(やまぐち)　ここが　わたしの　部屋(へや)です。
山下(やました)　大(おお)きい　部屋(へや)ですね。
山口(やまぐち)　あなたの　部屋(へや)も　大(おお)きいですか。
山下(やました)　わたしの　部屋(へや)は　大(おお)きくも　小(ちい)さくも　ありません。
山口(やまぐち)　かべ紙(がみ)が　青(あお)くて　きれいな　部屋(へや)ですね。
山下(やました)　わたしの　部屋(へや)は　きれいですが、しずかでは　ありません。
あなたの　部屋(へや)は　どうですか。
山口(やまぐち)　わたしの　部屋(へや)は　きれいでも　しずかでも　ありません。

새로운 단어

赤い(あか) 빨갛다
白い(しろ) 희다
紙(かみ) 종이
インク(インキ) 잉크
静かだ(しず) 조용하다
種類(しゅるい) 종류
色(いろ) 색
大きい(おお) 크다

青い(あお) 파랗다, 푸르다
黒い(くろ) 검다
黄色(きいろ) 노란색
部屋(へや) 방
きれいだ 깨끗하다
何色(なにいろ) 무슨 색
ペンケース 필통
小さい(ちい) 작다

학 습 요 점

1 형용사의 어미변화

형용사의 기본형은 「大(おお)きい・小(ちい)さい・あかい」와 같이 모두 어미 「い」로 끝나고, 그 밑에 체언을 붙여서 「大きい　ほん(큰 책)」「あかい　かみ(빨간 종이)」라고 말할 수 있고, 「この　ほんは　大きい(이 책은 크다)」「この　かみは　あかい(이 종이는 빨갛다)」하고 끝마칠 수도 있다. 즉, 기본형과 연체형 · 종지형이 모두 같다. 「です(입니다)」가 붙어서 「大きです(큽니다)」「あかいです(빨갛습니다)」라고 한다.

그러나, 부정할 때에는 어미 「い」가 「く」가 되어 「～く　ありません」이 되며, 이 경우 조사 「は」가 들어가서 「～くは」라고 하는 것이 보통이다. 즉, 부정의 경우에는 강조의 기분이 들어가는 것이다. 「～じゃ　ありません」의 경우도 이와 같은 강조의 기분이다.

예 これは　おおきい　ほんです。 이것은 큰 책입니다.
この　ほんは　おおきいです。 이 책은 큽니다.
この　ほんは　おおきく　ありません。 이 책은 크지 않습니다.
この　ほんは　おおきくは　ありません。 이 책은 크지는 않습니다.

2 형용동사 어미변화

형용동사의 기본형은 「しずかだ・きれいだ」와 같이 모두 어미 「だ」로 끝난다. 종지형은 어미 「だ」 그대로 끝나고 「この　へやは　しずかだ(이 방은 조용하다)」라고 말할 수 있으나, 「です」를 붙이면 어미 「だ」가 사라지고 「しずかです(조용합니다)」가 된다.

또 체언을 수식할 때는 어미 「だ」가 「な」가 되어 「しずかな　へや(조용한 방)」가 되며, 부정할 때에는 「だ」가 「で」가 되고 「しずかでは　ありません(조용하지 않습니다)」이 된다. 그러나 부정할 때에는 형용사의 경우와 같이 조사 「は」가 들어가서 「しずかでは　ありません」이 보통이다(이 경우도 회화체에서는 「じゃ　ありません」이 되기 쉽다).

예 この　へやは　しずかだ。 이 방은 조용하다.
この　へやは　しずかです。 이 방은 조용합니다.
この　へやは　しずかでは　ありません。 이 방은 조용하지 않습니다.
これは　しずかな　へやです。 이것은 조용한 방입니다.

3 일본어의 색

赤(あか)い	赤色(あかいろ/セキショク)
青(あお)い	青色(あおいろ/セイショク)
白(しろ)い	白色(しろいろ/ハクショク)
黒(くろ)い	黒色(くろいろ/コクショク)
黄色(きいろ)い	黄色(きいろ/オウショク)
	緑色(みどりいろ/リョクショク)
	茶色(ちゃいろ)

4 「どんな色(いろ)」와 「なに色(いろ)」

「どんな色(いろ)」는 「어떤 색」, 「なに色(いろ)」는 「무슨 색」이 되지만, 일본어에서는 「무슨 색」이라고 할 때도 「どんな色」가 보통 많이 쓰이고 있다.

5 「ありません」과 「ないです」

「ありません」과 「ないです」를 우리말로 해석하면 둘 다 「않습니다」가 되는 경어이나, 「ありません」이 「ないです」보다 한 단계 높은 경어라고 할 수 있다.

6 「大(おお)きな 部屋(へや)ですね」

종조사 「ね」는 확인하는 뜻을 나타내는 「~지요」, 가벼운 영탄을 나타내는 「~군요」, 또 물음의 「~지요?」의 세 가지 뜻이 있다.

예 今日(きょう)は とても あついですね。 오늘은 대단히 덥지요. (확인)
彼女(かのじょ)は とても 美人(びじん)ですね。 그녀는 대단히 미인이군요. (영탄)
あなたは 朴(バク)さんですね。 당신은 박 씨이지요? (물음)

7「部屋は　きれいですが、しずかでは　ありません」

여기에 나오는「が」는 접속조사로「역접 확정조건」·「단순접속」·「병렬」과「대비」를 나타낸다. 우리말로「~지만, ~는데」가 된다.

① 역접 확장조건을 나타낸다.

예 雪は　ふっているが、さむくは　ない。 눈은 내리고 있지만, 춥지는 않다.

② 단순접속을 나타낸다.

예 ソウル駅に　行きたいのですが、どう　行ったら　いいでしょうか。

서울역에 가고 싶습니다만, 어떻게 가면 좋을까요?

③ 병렬과 대비를 나타낸다.

예 これは　高いですが、それは　安い。 이것은 비싸지만, 그것은 싸다.

*참고「が」에는 접속조사 · 접속사 등이 있다.

(접속조사) 雪は　ふっているが、さむくは　ない。 눈은 내리고 있지만, 춥지는 않다.

(접속사) 雪は　ふっている。が、さむくは　ない。 눈은 내린다. 그러나, 춥지는 않다.

8「ほか」

「다른 것, 딴 것, 밖, 외」등의 우리말에 해당하며 부정형으로 사용될 때에는「~밖에 없다」라고 한다.

① ほかの　品。 딴 물건

② 青木さんの　ほかに　五人。 아오키 씨 외 5명

③ 待つより　ほかは　ない。 기다리는 수밖에 없다.

Column

사도
(茶道: 다도)

다도는 오케이코(お稽古:신부수업)의 하나로 이케바나(生け花:꽃꽂이)와 함께 일본인의 생활예술로서 자리매김을 하고 있는데, 챠노유(茶の湯) 라고도 한다. 이것은 전통적으로 의식화된 양식에 따라, 맛차(抹茶)에 뜨거운 물을 부어 차를 완성시켜 손님에게 접대하여 맛보게 하는 것이다. 화경청적(和敬清寂)은 다도의 정신으로 즉, 손님을 생각하는 마음, 존경하는 마음, 깨끗한 마음, 정숙한 마음을 나타낸다. 그날의 다회에서 만난 인연을 소중히 여긴다는 이치고이치에(一期一会) 사상은 다도에서 중요하게 생각된다. 차를 마시는 습관은 중국에서 건너와 당초는 승려들만이 즐겼었지만, 그 후 무사 및 서민들에게도 전파되었다. 16세기 후반에 센노리큐(千利休)가 일본 다도를 정리 · 완성시켜 예술로까지 승화시켰다.

다도는 정신의 고요함과 취미의 간소함을 가장 강조한다. 선(禅) 사상에서 큰 영향을 받은 한편, 건축, 미술, 사고, 생활양식 등 일본 문화에 다방면으로 영향을 미쳤다. 다회(茶会)는 다실(茶室)에서 뿐만 아니라 문 밖에서도 행해진다.

현재, 다도의 유파는 몇 개나 있지만, 오모테센케(表千家)와 우라센케(裏千家)가 2대 유파에 속한다. 많은 젊은 여성들이 신부수업의 하나로 다도를 배우고 있다.

5 いなかの　小学校

文型 1.　二人しか　いません。두 사람 밖에 없습니다.

文型 2.　テレビが　一台ずつ　あります。텔레비전이 한 대씩 있습니다.

文型 3.　ぜんぶで　五人の　こどもが　います。전부해서 다섯 명의 아이가 있습니다.

文型 4.　一年生から　六年生まで　います。1 학년부터 6 학년까지 있습니다.

1　ここは　小さな　いなかの　小学校です。

せいと数は　男の子が、

　— 一人、二人、三人、四人、五人、……、十人、十一人

十一人、女の子が

　— 一人、二人、三人、四人、五人、……、十人、十一人、十二人、十三人

十三人、ぜんぶで　二十四人です。

先生は　男の先生　一人と　女の先生　一人、二人しか　いません。

学校には　へやが　四つ　あります。

一年生から　三年生までの　教室が　ひとつ、

四年生から　六年生までの　教室が　ひとつ、

先生の　へやが　ひとつ、そして　オルガンの　ある　準備室が　ひとつです。

教室には　こくばんと　たくさんの　いすと　つくえが　あります。

そして、テレビと　ビデオが　一台ずつ　あります。

しかし、 コンピューターは　学校(がっこう)に　たった　一台(いちだい)しか　ありません。

こくばんに　しろい　チョークが、

— 一本(いっぽん)、 二本(にほん)、 三本(さんぼん)、 四本(よんほん)、 五本(ごほん)、 六本(ろっぽん)、 七本(ななほん)、 八本(はっぽん)、 九本(きゅうほん)

九本(きゅうほん)、 あかいのが

— 一本(いっぽん)、 二本(にほん)、 三本(さんぼん)、 四本(よんほん)

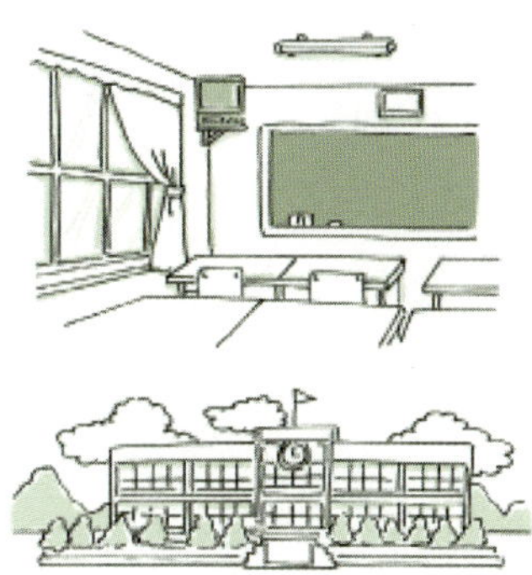

四本(よんほん)、 あおいのが

— 一本(いっぽん)、 二本(にほん)、 三本(さんぼん)

三本(さんぼん)、 ぜんぶで　十六本(じゅうろっぽん)　あります。

2　うんどうじょうの　すみには　とりごやと　ちいさな　いけが　あります。

とりごやには　にわとりが

— 一羽(いちわ)、 二羽(にわ)、 三羽(さんわ)、 四羽(よんわ)、 五羽(ごわ)

五羽(ごわ)　います。 そして、 ことりが

— 一羽(いちわ)、 二羽(にわ)、 三羽(さんわ)、 四羽(よんわ)、 五羽(ごわ)、 六羽(ろくわ)、 七羽(ななわ)、 八羽(はちわ)、 九羽(きゅうわ)、 十羽(じゅうわ)

十羽(じゅうわ)　います。

いけには　大(おお)きな　こいが

— 一匹(いっぴき)、 二匹(にひき)、 三匹(さんびき)、 四匹(よんひき)、 五匹(ごひき)、 ……十匹(じゅっぴき)、 十一匹(じゅういっぴき)

十一匹(じゅういっぴき)　います。 ちいさな　カメが

— 一匹(いっぴき)、 二匹(にひき)、 三匹(さんびき)、 四匹(よんひき)

四匹(よんひき)　います。

새로운 단어

田舎(いなか) 시골

テレビ 텔레비전

ぜんぶ 전부, 모두

～ずつ ～씩

～まで ～까지

子供(こども) 아이

生徒(せいと) 학생

女(おんな) 여, 여자

オルガン 오르간

椅子(いす) 의자

机(つくえ) 책상

コンピューター 컴퓨터

すみ 구석

池(いけ) 연못

小鳥(ことり) 작은 새

亀(かめ) 거북이

二つ(ふたつ) 둘

四つ(よっつ) 넷

六つ(むっつ) 여섯

八つ(やっつ) 여덟

十(とお) 열

二(に) 이

四(し)・四(よん) 사

六(ろく) 육

八(はち) 팔

十(じゅう) 십

千(せん) 천

億(おく) 억

～しか ～밖에

小学校(しょうがっこう) 초등학교

～台(だい) ～대

～から ～부터, 에서

子(こ) 아이, 어린이

～年生(ねんせい) ～학년

男(おとこ) 남, 남자

ある 있다

準備室(じゅんびしつ) 준비실

そして 그리고

ビデオ 비디오

たった 겨우, 단

鳥小屋(とりごや) 닭장, 새장

にわとり 닭

鯉(こい) 잉어

一つ(ひとつ) 하나

三つ(みっつ) 셋

五つ(いつつ) 다섯

七つ(ななつ) 일곱

九つ(ここのつ) 아홉

一(いち) 일

三(さん) 삼

五(ご) 오

七(なな)・七(しち) 칠

九(きゅう)・九(く) 구

百(ひゃく) 백

万(まん) 만

학습요점

1「~しか　いません」과「~しか　ありません」

「~しか」는 뒤에 부정을 수반하여「그것만」이라고 한정하는 뜻으로 나타낸다. 그러니까「~しかいません」「~しか　ありません」은「~밖에 없습니다」라는 뜻이 된다.

예 ここには　一本(いっぽん)の　えんぴつしか　ありません。 여기에는 한 자루 연필 밖에 없습니다.
教室(きょうしつ)には　先生(せんせい)しか　いません。 교실에는 선생님 밖에 없습니다.

2「ぜんぶで」

수량이나 값을 나타내는 조사「で」의 용법은 다음과 같다.

① 체언을 수식할 경우

예 ひとつ　いくらですか。 하나에 얼마예요?
조사「で」는 들어가지 않는다.

② 두 개 이상일 경우

예 みっつ(で)　いくらですか。 세 개(에) 얼마예요?

③ 모두일 경우

예 ぜんぶで　いくらですか。 모두(해서) 얼마예요?
반드시 조사「で」가 들어간다.

3 수사와 조수사

① 일본어의 수사에는 한수사(漢数詞)와 고유수사의 두 가지 용법이 있는 것은 우리말과 비슷하지만, 한수사는 어두자음(語頭子音)에 따라 발음이 달라진다.

예 一時(いちじ)　一分(いっぷん)

② 조수사 발음도 수사의 어미 발음에 따라 변할 경우가 있다.

예 一分(いっぷん)　二分(にふん)

③ 한수사 중에서「四(し)」「七(しち)」대신에「四(よん)」「七(なな)」를 쓸 경우가 많다. 이것은「七(しち)」가「一(いち)」와 발음이 비슷하고,「四(し)」가「死(し)」로 오인될 수 있기 때문에 한수사 쓰기를 피한 결과라고도 할 수 있다.

④ 물건의 종류에 따라 세는 법이 다르고, 게다가 발음도 변화될 때가 있으므로 주의해야 하며, 우리말의 수량을 나타내는 법과도 틀린 점이 있다.

「いくつ(몇 개)」는 부정의 수를 물을 때 쓰이는데, 사용 범위가 좁고 주로 개수와 연령을 물을 때 사용된다. 이에 반해서 「何(なん)」는 사용 범위가 넓어 「いくつ」의 사용범위까지 포함한다.

⑤ 「で」조사의 용법은 여러 가지가 있다. 그 중 여기 쓰이는 「で」는 시간, 간격, 수, 양 등을 나타낸다.

예 一(ひと)つ　いくらですか。 하나에 얼마예요?

三(みっ)つで　三百(さんびゃく)ウォンです。 세 개에 삼백 원입니다.

ぜんぶで　いくらですか。 모두(해서) 얼마예요?

⑥ 「たくさん(沢山)」은 수나 분량이 많음을 표시하며 우리말의 「많음, 충분함, 더 필요없음」에 해당한다. 이 밖의 용법의 용례는 다음과 같다.

예 この話(はなし)は　もう　たくさんだ。聞(き)きたくない。 그 이야기는 이제 질렸다. 듣고 싶지 않다.

どうぞ　たくさん　めしあがって　ください。 자, 많이 드세요.

⑦ 「いくら」는 금액, 양, 길이를 물을 때 쓰이며, 「얼마, 어느 정도」에 해당한다. 뒤에 「～でも」를 붙여 부사적으로도 쓰인다.

⑧ 「ずつ」는 우리말에 「~씩」에 해당하며, 수와 양을 나타내는 말 뒤에 붙인다. 같은 분량으로 할당할 때에 사용하는 접미어이다.

종류	고유수사		기수	매	個(개)	本
	사람	물건				
1	ひとり	ひとつ	いち	いちまい	いっこ	いっぽん
2	ふたり	ふたつ	に	にまい	にこ	にほん
3	さんにん	みっつ	さん	さんまい	さんこ	さんぼん
4	よにん	よっつ	し・よん	よんまい	よんこ	よんほん
5	ごにん	いつつ	ご	ごまい	ごこ	ごほん
6	ろくにん	むっつ	ろく	ろくまい	ろっこ	ろっぽん
7	しち・ななにん	ななつ	しち・なな	ななまい	ななこ	ななほん
8	はちにん	やっつ	はち	はちまい	はちこ はっこ	はちほん はっぽん
9	きゅうにん くにん	ここのつ	きゅう・く	きゅうまい	きゅうこ	きゅうほん
10	じゅうにん	とお	じゅう	じゅうまい	じっこ じゅっこ	じっぽん じゅっぽん
100	ひゃくにん		ひゃく	ひゃくまい	ひゃっこ	ひゃっぽん
몇	なんにん	いくつ		なんまい	なんこ	なんぼん

종류	冊	匹	足	階	時	分	日
1	いっさつ	いっぴき	いっそく	いっかい	いちじ	いっぷん	ついたち
2	にさつ	にひき	にそく	にかい	にじ	にふん	ふつか
3	さんさつ	さんびき	さんそく	さんがい	さんじ	さんぷん	みっか
4	よんさつ	よんひき	よんそく	よんかい	よじ	よんぷん	よっか
5	ごさつ	ごひき	ごそく	ごかい	ごじ	ごふん	いつか
6	ろくさつ	ろっぴき	ろくそく	ろっかい	ろくじ	ろっぷん	むいか
7	ななさつ	ななひき	ななそく	ななかい	しちじ	ななふん しちふん	なのか
8	はっさつ	はちひき はっぴき	はちそく はっそく	はちかい はっかい	はちじ	はちふん はっぷん	ようか
9	きゅうさつ	きゅうひき	きゅうそく	きゅうかい	くじ	きゅうふん	ここのか
10	じっさつ じゅっさつ	じっぴき じゅっぴき	じっそく じゅっそく	じっかい じゅっかい	じゅうじ	じっぷん じゅっぷん	とおか
100	ひゃくさつ	ひゃっぴき	ひゃくそく	ひゃっかい		ひゃっぷん	
몇	なんさつ	なんびき	なんそく	なんかい	なんじ	なんぷん	なんにち

人(にん)：사람을 셀 때의 단위
時(じ)：시간(한 시, 두 시)의 단위
日(にち)：날짜를 나타낼 때의 단위
着(ちゃく)：옷을 셀 때의 단위
羽(わ)：새 따위를 셀 때의 단위
番(ばん)：차례의 단위
輪(りん)：꽃송이를 셀 때의 단위(요즘은 「本(ほん)」을 많이 사용한다.)
杯(はい)：물, 차, 밥 등의 단위
個(こ)：귤, 계란 따위를 셀 때의 단위
冊(さつ)：책, 공책 따위를 셀 때의 단위
階(かい)：층을 셀 때의 단위
分(ふん)：분의 단위
列(れつ)：줄을 나타낼 때의 단위
軒(けん)：건물, 집 따위를 셀 때의 단위
枚(まい)：판자, 옷, 종이 등 얇은 것들을 셀 때의 단위
本(ほん)：연필, 펜, 나무, 기둥, 선 따위를 셀 때의 단위
足(そく)：구두, 양말 따위를 셀 때의 단위
匹(ひき)：곤충, 물고기, 작은 동물 따위를 셀 때의 단위
頭(とう)：코끼리 등 큰 동물을 셀 때의 단위
台(だい)：기계, 텔레비전, 자동차 따위를 셀 때의 단위

4「~から~まで」

「~から」는 우리말로 「~에서, ~부터」로 장소 · 때 · 범위와 동작 · 작용의 기점을 나타낸다.
「~まで」는 우리말로 「~까지」로 장소 · 때 · 범위와 동작 · 작용의 종점을 나타낸다.

예 ソウルから 釜山(プサン)まで 行(い)く。 서울에서 부산까지 간다.
9時(じ)から 12時(じ)まで 勉強(べんきょう)する。 9 시부터 12 시까지 공부한다.

5 一年生(いちねんせい)

일본에서는 학년(学年)이라는 말을 쓰지 않고 「年生(ねんせい)」를 사용한다.

예 小学校(しょうがっこう) 一年生(いちねんせい) 二年生(にねんせい) 三年生(さんねんせい) 四年生(よねんせい) 五年生(ごねんせい) 六年生(ろくねんせい)
中学校(ちゅうがっこう) 一年生 二年生 三年生
高等学校(こうとうがっこう) 一年生 二年生 三年生
大学(だいがく) 一年生 二年生 三年生 四年生 (一回生(いっかいせい) 二回生(にかいせい) 三回生(さんかいせい) 四回生(よんかいせい))

6 生徒(せいと)

「学生(がくせい)」라는 말은 주로 대학생을 가르키며, 초등학생에게는 「児童(じどう)」, 중학생 · 고등학생 및 각종 학원의 수강생에게는 「生徒(せいと)」를 사용한다.

7「あかいのが ありますう」

여기에 나오는 「の」는 우리말로 「(의) 것」이 된다. (2과 학습요점 참조)

예 あかい 紙(かみ)が あります。 빨간 종이가 있습니다.
↓
あかい ものが あります。 빨간 것이 있습니다.
↓
あかい のが あります。 빨간 것이 있습니다.

8 男／女

「男／女」에「남자/여자」라는 뜻이 있으나, 보통 단독으로 사용하지 않고「男の人/女の人」아니면「男性/女性」로 사용한다. 어린이는「男の子/女の子」가 된다.

9「大きな」와「大きい」

「大きな」와「大きい」는 둘 다 체언을 수식하고「큰」이라는 뜻이 되나,「大きい」는 형용사의 연체형이고「大きな」는 연체사이다.「小さな」와「小さい」도 같다.

예 朴さんは　大きい　人です。 박 씨는 큰 사람입니다.
朴さんは　大きな　人です。 박 씨는 큰 사람입니다.

ここに　小さい　いけが　あります。 여기에 작은 연못이 있습니다.
ここに　小さな　いけが　あります。 여기에 작은 연못이 있습니다.

10「オルガンの　ある　へや」

「ある」는「있다」라는 뜻보다「있는」이라는 뜻이 된다.「の」는「~가, ~이」로「오르간이 있는 방」이 된다.

Column

이케바나
(生け花 : 꽃꽂이)

이케바나는 가도(華道)라 하여 다도와 마찬가지로 오케이코(お稽古)의 하나이다. 일본의 꽃꽂이는 가지를 잘라서 사용한 전통적인 예술로서 불전공화로 부처님께 꽃을 공양하는 양식에서 유래되었다고 할 수 있다. 헤이안시대부터 꽃을 담는 습관이 시작되어, 오늘날에 이르는데 현재 일본의 이케바나의 유파 수는 2,000개 이상이고, 그 중에서 대표적으로 활동을 하고 있는 유파의 수도 600개 이상이 된다.

이 중에서 가장 큰 규모를 가진 유파는 전국적으로 지부 조직을 가진 이케노보우(池坊), 오하라(小原), 소게쓰(草月)의 3유파이다. 그 중에서 이케노보우는 일본 최고의 유파이며, 이에모토(家元 : 종가를 의미함)인 이케노보우센케(池坊専慶)는 자연의 자취나, 웅대한 풍격을 표현하는 릭카(立花) 형식의 꽃을 에도시대에 완성시켰다.

러일전쟁 후 일본에서 서양 꽃을 많이 재배하기 시작하였고, 생활양식도 변화함에 따라서 새로운 이케바나 양식이 요구되었는데, 이 때 서양 꽃을 도입하여 색채가 풍부한 새로운 양식(모리바나(盛り花))을 추구한 사람이 오하라(小原) 유파의 이에모토인 오하라운신(小原運心)이다. 소게쓰(草月) 유파는 언제, 어디서, 누구라도 어떤 재료를 사용하더라도 꽃꽂이를 할 수 있다는 점을 특징으로 하고 있다.

6 今日は　何月何日ですか。

文型 1.　今日は　何月何日ですか。오늘은 몇월 며칠입니까?

文型 2.　きのうは　何月何日でしたか。어제는 몇월 며칠이었습니까?

1 一年は　12か月です。

一月	二月	三月	四月	五月	六月	七月	八月	九月	十月	十一月	十二月

はじめの　月は　一月で、おわりの　月は　十二月です。三月と　四月と　五月は　春で、六月・七月・八月は　夏、九月・十月・十一月は　秋、そして　十二月と　一月と　二月は　冬です。月には　大の月と　小の月が　あります。

大の月は　三十一日で、一月・三月・五月・七月・八月・十月・十二月が　そうです。

小の月は　三十日で、四月・六月・九月・十一月です。ところが、二月だけは　二十八日しか　ありません。しかし、四年ごとの　うるう年には　二十九日まで　あります。

一日から　十日まで　日本語の　固有語は

ついたち、　ふつか、　みっか、　よっか、　いつか、
むいか、　なのか、　ようか、　ここのか、　とおか

です。

では、 今日は　何月何日ですか。

　— 今日は、 六月一日です。

きのうは　何月何日でしたか。

　— きのうは　五月三十一日でした。

あしたは　何月何日ですか。

　— あしたは　六月二日です。

あなたの　たんじょう日は　いつですか。

　— わたしの　たんじょう日は、 三月二十一日です。

おととい　きのう　きょう　あした（あす）　あさって

2 一週間は　七日間です。
一週間の　はじめの　日は　日曜日で、おわりの　日は　土曜日です。
一週間の　まん中の　日は　水曜日です。

日曜日	月曜日	火曜日	水曜日	木曜日	金曜日	土曜日

では、水曜日の　前の　日は　何曜日で、つぎの　日は　何曜日ですか。
— 水曜日の　前の　日は　火曜日で、水曜日の　つぎの　日は　木曜日です。

새로운 단어

年(ねん) 년

月(つき)・月(がつ)・月(げつ) 달, 월

何月(なんがつ) 몇월

春(はる) 봄

秋(あき) 가을

初(はじ)め 처음

日(ひ)・日(にち) 날, 일

誕生日(たんじょうび) 생일

固有語(こゆうご) 고유어

次(つぎ) 다음

ところが 그런데

今日(きょう) 오늘

明日(あす)・明日(あした) 내일

12か月(げつ) 12개월

〜だけ 〜만, 뿐

何日(なんにち) 며칠

夏(なつ) 여름

冬(ふゆ) 겨울

おわり 마지막

うるう年(どし) 윤년

いつ 언제

前(まえ) 전, 앞

まん中(なか) 한가운데

しかし 그러나

昨日(さくじつ)・昨日(きのう) 어제

학습요점

1 今日(きょう)

さきおととい 그끄제 → おととい 그제 → きのう(昨日)・さくじつ(昨日) 어제 → きょう(今日) 오늘 → あす(明日)・あした(明日) 내일 → あさって 모레 → しあさって 글피

2 今年(ことし)

おととし(一昨年) 재작년 → さくねん(昨年)・きょねん(去年) 작년 → ことし(今年) 금년 → らいねん(来年) 내년 → さらいねん(再来年) 내후년

3 一週間(いっしゅうかん)

日曜日(にちようび)　月曜日(げつようび)　火曜日(かようび)　水曜日(すいようび)　木曜日(もくようび)　金曜日(きんようび)　土曜日(どようび)

4 月(がつ)

一月(いちがつ)　二月(にがつ)　三月(さんがつ)　四月(しがつ)　五月(ごがつ)　六月(ろくがつ)　七月(しちがつ)　八月(はちがつ)　九月(くがつ)　十月(じゅうがつ)　十一月(じゅういちがつ)　十二月(じゅうにがつ)

* 四月를 よんがつ、九月를 きゅうがつ라고 읽지 않는다.

5 ついたち

ついたち 하루, 1일　ふつか 이틀, 2일　みっか 사흘, 3일　よっか 나흘, 4일
いつか 닷새, 5일　むいか 엿새, 6일　なのか 이레, 7일　ようか 여드레, 8일
ここのか 아흐레, 9일　とおか 열흘, 10일
11日(じゅういちにち)・12日…14日(じゅうよっか)……19日・はつか(스무날)・21日…
24日(にじゅうよっか)……30日・31日

6「です」와「でした」

「でした」는「です」의 과거형이고, 조동사「です」연용형「でし」에 과거를 나타내는 조동사「た」를 붙인 것이다.

예 今日(きょう)は 5月(がつ)28日(にち)です。 오늘은 5 월 28 일입니다.
きのうは 5月27日でした。 어제는 5 월 27 일이었습니다.

Column

다나바타 마쓰리

(七夕祭り : 칠석축제)

七夕(たなばた)는 고대 중국의 별의 축제에서 유래가 된 것으로 8세기에 일본에 전해졌다. 우리 나라에도 알려진 것처럼 견우와 직녀가 1년에 한 번 7월 7일 밤 은하수에서 랑데부하는 것을 축하하는 축제이다. 다나바타라는 이름은 일본신화에 나오는 베틀이 능숙한 여신의 이름을 따서 붙여졌다고 한다. 몇 세기가 지나는 동안에 칠석의 밤에는 계절의 야채나 과일을 별에게 바치는 관습이 생겨났다고 한다. 그리고 잘라 낸 대나무 가지에 소원을 적은 단자쿠(短冊)를 매달아 빌기도 한다. 대나무 장식의 관습은 시나 단가(短歌)를 단자쿠에 적으면, 글씨나 학예가 능숙해진다는 전설에서 생겨났다고 한다.

또 색실을 바치는 것은 베틀이나 재봉을 능숙하게 된다고 믿고있기 때문이다. 센다이(仙台)의 다나바타 마쓰리는 동북지방의 3대 마쓰리 중의 하나로, 옛날에는 추석을 앞두고 조상과 신을 염원하는 소박한 행사였으나, 현재에는 일본을 대표하는 다나바타 마쓰리로 센다이의 이치반쵸와 죠젠지거리에는 화려한 다나바타 장식과 퍼레이드도 행해져서 일본 각지에서 온 관광객들로 거리를 가득 메운다.

7 日本の四季

文型 1. 형용사의 활용

미연형　今年の夏はあつかろう。올 여름은 더울 것이다.

연용형　今年の夏はあつかった。올 여름은 더웠다.

　　　　今年の夏はあつくない。올 여름은 덥지 않다.

종지형　今年の夏はあつい。올 여름은 덥다.

연체형　今年の夏はあつい夏だ。올 여름은 더운 여름이다.

가정형　今年の夏があつければ、올 여름이 더우면,

文型 2. 형용동사의 활용

미연형　山はしずかだろう。산은 조용할 것이다.

연용형　山はしずかだった。산은 조용했다.

　　　　山はしずかではない。산은 조용하지 않다.

　　　　山はしずかになる。산은 조용해진다.

종지형　山はしずかだ。　산은 조용하다.

연체형　ここはしずかな山だ。여기는 조용한 산이다.

가정형　山がしずかならば、산이 조용하면

15

1 日本には春、夏、秋、冬の四つの季節があります。夏はあつく冬はさむいです。春はあつくもさむくもありません。あたたかくて、とてもいい季節です。秋もあつくもさむくもありません。すずしい季節です。

春は季節のはじまりであたたかく、花がさきます。花見などでにぎやかです。
夏はやくどうの季節で、若者たちが海や山に行きます。
秋はみのりの季節で、読書、運動、食欲の季節ともいいます。
山の紅葉がきれいです。
冬はおわりの季節で、さむく、雪がふります。
白い雪げしきはとてもきれいです。

2 あなたは一年の中で、いつが一番好きですか。

— わたしの好きな季節は秋です。

なぜ、秋が一番好きですか。

— 秋は読書、運動の季節で、そしてわたしの好きな果物がいっぱいだからです。

春も好きですか。

— 春はあまり好きではありません。

夏はどうですか。

— 夏はあまりにもあついので、きらいです。でも、水泳は好きです。

夏がきらいなら、冬はすきですね。

— はい、冬は好きです。雪がとてもきれいですから。

今年の冬はさむいと思いますか。

— いいえ、あまりさむくありません。

去年の冬はどうでしたか。

— 去年はとてもさむかったです。

새로운 단어

◆ 명사

四季(しき) 사계절
始まり(はじ) 시작
花見(はなみ) 벚꽃놀이
若者(わかもの) 젊은이
山(やま) 산
読書(どくしょ) 독서
紅葉(こうよう)・紅葉(もみじ) 단풍
雪(ゆき) 눈
一番(いちばん) 가장
水泳(すいえい) 수영
季節(きせつ) 계절
花(はな) 꽃
躍動(やくどう) 약동
海(うみ) 바다
実り(みの) 결실
運動(うんどう) 운동
食欲(しょくよく) 식욕
なぜ 왜
いっぱい 가득
景色(けしき) 경치

◆ 동사

行く(い) 가다
する 하다
咲く(さ) 피다
降る(ふ) 내리다

◆ 형용사

暖かい(あたた) 따뜻하다
涼しい(すず) 시원하다
いい 좋다
暑い(あつ) 덥다
寒い(さむ) 춥다

◆ 형용동사

にぎやかだ 번화하다
嫌いだ(きら) 싫어하다
きれいだ 깨끗하다
好きだ(す) 좋아하다
静かだ(しず) 조용하다

학습요점

1 형용사 활용형

형용사 활용형은 일반적으로 미연형 · 연용형 · 종지형 · 연체형 · 가정형의 5가지(명령형은 없음)로 구분한다. 그러나, 미연형 · 연용형 · 가정형의 호칭을 색다르게 부르고 있는 책도 있음에 유의한다.

1. 미연형 … 추량형이라고 호칭한 책도 있음

「う」(추량의 조동사)에 연결되는 모양, 즉 어미 「い」가 「かろ」로 활용

예 よい → それがよかろう。 그것이 좋겠지, 좋을 것이다.
あつい → あしたもあつかろう。 내일도 덥겠지, 더울 것이다.
おおきい → それはあまりおおきかろう。 그것은 너무 크겠지, 클 것이다.

2. 연용형 … 과거 · 완료 · 접속 · 부정형이라고 호칭한 책도 있음

① 「た」(과거 · 완료의 조동사)에 연결될 때에는 어미 「い」가 「かっ」으로 활용한다.

예 あたたかい → きょうはたいへんあたたかった。 오늘은 대단히 따뜻했었다.
やさしい → この問題(もんだい)はやさしかった。 이 문제는 쉬웠었다.

② 동사에 연결될 때에는 어미 「い」가 「く」로 활용하여 부사처럼 수식한다.(연용수사)

예 よい → 遠(とお)くまでよくみえる。 먼 곳까지 잘 보인다.
うつくしい → だんだんうつくしくなる。 점점 아름다워진다.
おおきい → すこしもおおきくならない。 조금도 커지지 않는다.

③ 「ない」(형용사)에 연결될 때에는 「い」가 「く」로 활용한다. 그래서 형용사를 부정하게 된다.

예 おもい → すこしもおもくない。 조금도 무겁지 않다.
たかい → たかくない山(やま) 높지 않은 산

④ 「て・ても・ては・も」 조사 등에 연결될 때에는 어미 「い」가 「く」로 활용한다.

예 さむい → 冬(ふゆ)はさむくてきらいです。 겨울은 추워서 싫습니다.
おおきい → こんなにおおきくてもよろしいですか。 이렇게 커도 좋습니까?
ながい → そんなにながくてはだめです。 그렇게 길어서는 안 됩니다.
さむい → 秋(あき)はさむくもあつくもありません。 가을은 춥지도 덥지도 않습니다.

⑤ 연용형의 중지법으로 쓰일 때에는 어미 「い」가 「く」로 활용한다.

예 うれしい → 心(こころ)はうれしく、身(み)はかるい。 마음은 기쁘고 몸은 가볍다.
たかい → 理想(りそう)はたかく、希望(きぼう)はおおきい。 이상은 높고, 희망은 크다.

3. 종지형

① 형용사로 말을 끝맺을 때의 모양

예 あつい → きょうはとてもあつい。 오늘은 매우 덥다.
おおきい → この本(ほん)はおおきい。 이 책은 크다.

② 「です」(정중한 뜻의 조동사)에 연결될 때의 모양

예 あつい → きょうはとてもあつかったです。 오늘은 매우 더웠습니다.
おおきい → この本はおおきいです。 이 책은 큽니다.

4. 연체형, 체언에 연결될 때의 모양 … 연체수식어

예 あかい → これはあかいえんぴつです。 이것은 빨간 연필입니다.
あつい → きょうはあついひです。 오늘은 더운 날입니다.

5. 가정형 … 조건형이라고도 호칭한 책도 있음

「ば」(접속조사)에 연결될 때의 모양. 어미 「い」가 「けれ」로 활용

예 あつい → なつはあつければすいえいをします。 여름에는 더우면 수영을 합니다.

기본형	어간	어미	미연형	연용형	종지형	연체형	가정형	명령형
あつい	あつ	い	かろ	かっ・く	い	い	けれ	○
주된 접속			う	た・て・ なる・ない	끝맺음	체언	ば	○

2 형용동사 활용형

형용동사의 활용형은 일반적으로 미연형 · 연용형 · 종지형 · 연체형 · 가정형의 5가지(명령형은 없음)로 분류하나, 책 중에서는 달리 호칭한 것도 있다.

1. 미연형 … 「う」(추량의 조동사)에 연결되는 모양

이 경우에 어미 「だ」는 「だろ」로 활용한다.

예 静かだ → ここはたぶん静かだろう。 여기는 아마 조용할 것이다.
ほんとうだ → かれの話はほんとうだろうか。 그의 말은 정말일까?

2. 연용형 … 「た」(과거 · 완료의 조동사) · 「ない」(부정 · 미연형) · 「ある」 (동사) 등에 연결될 때, 또는 연용형의 중지법에 쓰이는 활용형

① 「た」에 연결될 경우 … 어미 「だ」가 「だっ」으로 활용한다.

예 おだやかだ → 風もなく、海もおだやかだった。 바람도 불지 않고, 바다도 잔잔했었다.
りっぱだ → ソラク山の景色はりっぱだった。 설악산의 경치는 훌륭했었다.

② 「ない・ある」에 연결될 경우 … 어미 「だ」가 「で」로 활용한다.

예 静かだ → 思ったより静かではない。 생각보다 조용하지 않다.
丈夫だ → 思ったより丈夫である。 생각보다 튼튼하다.

③ 동사에 연결(동사를 수식할)될 경우 … 어미 「だ」가 「に」로 활용한다.

예 にぎやかだ → この町も年々にぎやかになっていく。 이 거리도 해마다 번화해져 간다.
大切だ → この本は大切にしなさい。 이 책은 소중히 하세요.
ていねいだ → もうすこしていねいに話しなさい。 좀더 공손히 말하세요.
静かだ → こどもが静かに寝ている。 아이가 조용히 자고 있다.

④ 연용형의 중지법으로 쓸 경우 … 형용동사를 연용형의 중지법으로 쓸 때에는 어미「だ」가 「で」로 활용하고 말을 일단 중지한다.

예 静かだ → へやのなかは静かで、そとはやかましい。
방 안은 조용하고 바깥은 떠들썩하다.
きれいだ → 手はきれいで、足はきたない。 손은 깨끗하고, 발은 더럽다.
下手だ → 英語は下手で、日本語は上手だ。 영어는 잘 못하고, 일본어는 잘한다.

3. 종지형 … 말을 끝맺는 모양

이 때 어미 「だ」는 「だ」 그대로이다. 기본형과도 같다.

예 好きだ → 私は韓国料理が好きだ。 나는 한국요리를 좋아한다.
便利だ → 車は危ないけれども、たいへん便利だ。 차는 위험하지만 매우 편리하다.
大丈夫だ → わたしひとりでも大丈夫だ。 나 혼자라도 염려 없다.

「です」(정중한 뜻의 조동사)를 붙이면 어미 「だ」가 사라진다.

好きだ → わたしは韓国料理が好きです。

4. 연체형 … 체언을 수식할 때의 모양

이 경우에 어미 「だ」는 「な」로 활용한다. 또한 「の」(준체언 · 형식명사인 조사)에 연결될 때에도 「な」로 활용한다.

① 체언을 수식할 경우

예 きれいだ → きれいな花が咲いている。 예쁜 꽃이 피어 있다.
まじめだ → まじめな人は必ず成功する。 성실한 사람은 반드시 성공한다.
静かだ → 韓国は静かな朝の国です。 한국은 조용한 아침의 나라입니다.
健康だ → 健康な体に健全な精神がやどります。
건강한 신체에 건강한 정신이 깃듭니다.

② 「の(것)」에 연결될 경우

예 きれいだ → きたないのはいやです。きれいなのをください。
지저분한 것은 싫습니다. 깨끗한 것을 주십시오.
静かだ → わたしはどちらかといえば静かなのが好きです。
나는 어느 쪽이냐 하면 조용한 것을 좋아합니다.

5. 가정형 … 「ば」(접속조사)에 연결되는 모양

이 경우, 어미 「だ」가 「なら」로 활용한다. 그러나 「ば」를 생략하는 것이 통례이다. 따라서 동사 · 형용사의 가정형과 다르다.

① 동사

예 書く → 書けば書くほど上手になる。 쓰면 쓸수록 능숙해진다.

② 형용사

예 大きい → 大きければ大きいほどいい。 크면 클수록 좋다.

③ 형용동사

예 静(しず)かだ → 静かなら(ば)もっと気(き)に入(い)る。 조용하다면 더욱 마음에 든다.

好(す)きだ → あなたが好きなら(ば)あげましょう。 당신이 좋아한다면 드리지요.

本当(ほんとう)だ → この話(はなし)が本当なら(ば)いいけれども。 그 말이 정말이라면 좋건만.

明(あき)らかだ → その事実(じじつ)が明らかなら(ば)問題(もんだい)ないでしょう。

그 사실이 명백하다면 문제없겠지요.

기본형	어간	어미	미연형	연용형	종지형	연체형	가정형
静(しず)かだ	静(しず)か	だ	だろ	だっ で に	だ	な	なら
주된 접속			う	「た」 「ない・なる」동사	끝맺음	체언 「の」	「ば」 단,「ば」는 생략

참고 형용동사의 가정형 「なら」 다음의 (ば)는 생략됨을 뜻함.

3「ます」

조동사의 「ます」가 붙으면 연용형이 되고, 동사의 어미가 활용한다.

예 さく 핀다 → さきます 핍니다

する 한다 → します 합니다

ふる 내린다 → ふります 내립니다

4 四季(しき)

春(はる)	3・4・5月(がつ)	あたたかい	花(はな)
夏(なつ)	6・7・8月(がつ)	あつい	海(うみ)
秋(あき)	9・10・11月(がつ)	すずしい	紅葉(もみじ)
冬(ふゆ)	12・1・2月(がつ)	さむい	雪(ゆき)

5「花見」

「花見」는 꽃구경이란 뜻이지만, 일본에서는 벚꽃이 대표적인 꽃이므로 「花見」라 하면 벚꽃 구경 즉 「벚꽃놀이」를 의미한다.

6「～がすきだ・きらいだ」

「～がすきだ・きらいだ」의 목적어에는 습관상 「を」가 아니라, 「が」를 사용한다.

예 (×) わたしは夏をすきだ。
(○) わたしは夏がすきだ。

7「あまり」

「あまり」라는 것은 원래 「너무」라는 지나친 상태를 의미하는 것이지만, 이것이 부정형과 같이 쓰이면 「그다지」라는 뜻을 나타낸다.

예 きょうはあまりに(も)あつい。 오늘은 너무나 덥다.
きょうはあまりあつくありません。 오늘은 그다지 덥지 않습니다.

8「どうですか」

부사 「どう(어떻게)」에 「ですか」가 붙어서 「どうですか(어떻습니까?)」가 된다. 이 「どうですか」의 공손한 표현은 「いかがですか」이다.

9「といいます」

「と」는 접속조사로 「～라고」라는 뜻이 된다. 우리말로 「～라고 합니다」의 뜻이다.

예 朴といいます。 박이라고 합니다.
「山へ行く」といいます。 「산에 간다」라고 합니다.

Column

모모노셱쿠
(桃の節句)

모모노섹쿠(桃の節句)는 여자 아이를 위한 행사로 3월 3일에 행해지는데, 복숭아꽃이 주요 장식을 이루는 계절의 행사로 히나마쓰리(ひな祭り)라고도 한다. 여자아이들이 있는 가정에서는 아름다운 기모노를 입은 인형들을 제단에 장식한다. 이것은 여자 아이가 예쁘게 성장하고 커서 좋은 인연을 만나 행복한 결혼생활을 할 수 있도록 하는 바램과 좋지 않은 재난이나 재앙 등을 인형으로 옮겨 그것들을 피할 수 있도록 하는데 그 의미가 있다. 이 인형은 히나인형(ひなにんぎょう)이라 하는데, 옛날 궁중의 사람들을 모신 것으로, 최상단에는 천황·황후를, 그 다음 단에는 고위의 귀족을, 하단에는 아랫사람들의 인형을 장식하고, 최하단에는 자그마한 가구나 식물모형까지 장식된다.

히나마쓰리의 역사는 중세로 거슬러 올라가지만, 이와 같이 인형을 장식하는 풍습은 18세기부터 시작된다. 원래는 손으로 만든 인형을 공물과 함께 3월 3일 강가에 떠내려 보냈던 것이다. 그러나 오늘날은 상품으로 만들어진 고가의 인형이므로, 잠시 장식해 두었다가 다음 해를 위하여 치워둔다. 많은 사람들이 인형을 대대로 물려받는다. 히나마쓰리 날이 끝나고 인형을 바로 치우지 않으면, 시집을 늦게 간다는 전설이 있다고 한다. 히나마쓰리 날에는 특별한 요리 외에 감주(甘酒)·떡·복숭아꽃 등을 차려 놓는다.

8 今、何時ですか。

文型 1. 今、何時ですか。지금 몇 시입니까?

文型 2. 동사 활용

미연형 学校へいかない。학교에 안 간다.

연용형 学校へいきます。학교에 갑니다.

종지형 学校へいく。학교에 간다.

연체형 学校へいく時間です。학교에 갈 시간입니다.

가정형 学校へいけば、학교에 가면,

명령형 学校へいけ。학교에 가라.

1 今、何時ですか。

— 6時半ですよ。早くおきなさい。

わたしは毎朝午前6時半におきます。おきてすぐ顔を洗い、歯をみがきます。そして、約30分ぐらい近くの公園で運動して、7時20分には朝ごはんを食べます。

7時すぎにおきれば、朝の運動をする時間がありません。

それから、学校へいく準備をして、8時ごろ家を出てバスで学校へいきます。学校には9時10分前につきます。

1時間目の授業は9時からはじまり、9時50分まで勉強し、10分休み、また10時から2時間目がはじまります。

昼食の時間は12時50分から1時20分までの30分です。

教室でべんとうを食べる人も学生食堂で食べる人もいます。

1日の授業は8時間目までで、8時間目がおわるのは5時10分です。それから、家にかえります。家につくのはだいたい6時半くらいです。しかし、学校の図書館で勉強すれば11時すぎにかえることもあります。毎日夕食の後、3時間ぐらいべんきょうしてねます。

今、何時ですか。

— 午後11時50分ですよ。そろそろねなさい。

1日は24時間です。

はじめの12時間は午前で、あとの時間は午後です。ですから、午前にも5時があり、午後にも5時があります。午前5時は明け方で、午後5時は夕方です。

새로운 단어

◆ 명사

半(はん) 반

朝(あさ) 아침

すぐ 바로, 곧

歯(は) 이

約(やく) 약

時間(じかん) 시간

家(いえ) 집

～時間目(じかんめ) ~교시

勉強(べんきょう) 공부

食堂(しょくどう) 식당

だいたい 대체로

図書館(としょかん) 도서관

午後(ごご) 오후

明(あ)け方(がた) 새벽녘

ですから 그러니까

毎朝(まいあさ) 매일 아침

午前(ごぜん) 오전

顔(かお) 얼굴

～くらい・ぐらい ~정도

公園(こうえん) 공원

～頃(ころ) ~경

バス 버스

授業(じゅぎょう) 수업

弁当(べんとう) 도시락

それから 그리고 나서

毎日(まいにち) 매일

後(あと) 후

夕方(ゆうがた) 저녁 때, 해질녘

そろそろ 슬슬

◆ 동사

洗(あら)う 씻다

食(た)べる 먹다

着(つ)く 도착하다

寝(ね)る 자다

帰(かえ)る 돌아가(오)다

みがく 닦다

出(で)る 나가(오)다

起(お)きる 일어나다

終(お)わる 끝나다

始(はじ)める 시작하다

◆ 형용사

はやい 이르다, 빠르다

近(ちか)い 가깝다

학습요점

1「7時(じ)10分(ぶん)すぎ」

7時(じ) 10分(ぶん) → 7時 10分すぎ
7時 30分(ぶん) → 7時 半(はん)
7時 50分(ぶん) → 8時 10分前(まえ)
13時 → 午後(ごご)1時

＊「すぎ」라는 말은「すぎた(지났다)」라는 뜻이다.

2「9時(じ)10分(ぶん)」

1時(いちじ)	2時(にじ)	3時(さんじ)	4時(よじ)	5時(ごじ)
6時(ろくじ)	7時(しちじ)	8時(はちじ)	9時(くじ)	10時(じゅうじ)
11時(じゅういちじ)	12時(じゅうにじ)	何時(なんじ)		

＊ 4시는「しじ・よんじ」라고 읽지 않고, 9시는「きゅうじ」라고 읽으면 안 된다.

一分(いっぷん)	二分(にふん)	三分(さんぷん)	四分(よんぷん)
五分(ごふん)	六分(ろっぷん)	七分(しち / ななふん)	八分(はちふん / はっぷん)
九分(きゅうふん)	十分(じっ / じゅっぷん)	何分(なんぷん)	

＊ 5과 학습요점 참조.

3 동사의 활용형

동사가 활용하는 꼴(활용형)은 미연형 · 연용형 · 종지형 · 연체형 · 가정형 · 명령형의 여섯 가지로 나누어진다.

1. 미연형 … 부정형 · 의지형이라고 호칭한 책도 있음

조동사「ない」,「う・よう」,「せる・させる」,「れる・られる」에 연결될 때의 어미의 형이다.

書(か)く [五段] → 書かない 쓰지 않는다
見(み)る [上一] → 見ない 보지 않는다
食(た)べる [下一] → 食べない 먹지 않는다
する [サ変] → しない 하지 않는다
来(く)る [カ変] → 来(こ)ない 오지 않는다

2. 연체형

조동사 「ます」, 「たい」 조사 「ながら」 등에 연결될 때, 연용형의 중지법으로 쓰일 때의 어미의 형이다.

書(か)く　　五段 → 書きます 씁니다
書きながら 쓰면서

見(み)る　　上一 → 見ます 봅니다
見たい 보고 싶다

食(た)べる　　下一 → 食べます 먹습니다
食べながら 먹으면서

する　　サ変 → します 합니다
したい 하고 싶다

来(く)る　　カ変 → 来(き)ます 옵니다
来(き)ながら 오면서

3. 종지형

① 종지형은 말을 끝맺을 때의 형이다.

② 종지형에는 말을 끝맺지 아니하고, 접속조사 「と・けれども・が」를 뒤에 붙여서 말을 계속하는 경우도 있다.

書(か)く　　五段 → 字(じ)を書く 글씨를 쓴다
字を書くけれども…… 글씨를 쓰지만……

見(み)る　　上一 → テレビを見る 텔레비전을 본다
映画(えいが)を見るが…… 영화를 보지만……

食(た)べる　　下一 → ごはんを食べる 밥을 먹는다
ごはんを食べると…… 밥을 먹으면……

する　　サ変 → 勉強(べんきょう)する 공부를 한다
運動(うんどう)もするけれども…… 운동도 하지만……

来(く)る　　カ変 → ともだちが来(く)る 친구가 온다
ともだちも来(く)るが…… 친구도 오지만……

4. 연체형

① 체언(時・人 등)에 연결되기 때문에 연체형이라고 한다.

② 연체형은 조동사「ようだ」, 조사「の」에 연결될 수 있다.

書く	五段	→ 字を書く人 글씨를 쓰는 사람
		絵を書くようだ 그림을 그리는 것 같다
見る	上一	→ 映画を見る時は 영화를 볼 때는
		テレビを見るのは 텔레비전을 보는 것은
食べる	下一	→ ごはんを食べる時 밥을 먹을 때
		ごはんを食べるようだ 밥을 먹는 것 같다
する	サ変	→ 仕事をする時は 일을 할 때에는
		運転をする人は 운전을 하는 사람은
来る	カ変	→ あした来る時 내일 올 때
		今、来るようだ 이제 오는 것 같다

5. 가정형

조사에 연결되는 형으로「もし ~すれば(만약 ~ 하면)」의 뜻을 나타내는 형이다.

書く	五段	→ もし書けばどうする 만약 쓰면 어떻게 할거냐?
見る	上一	→ 見れば分かる 보면 안다
食べる	下一	→ 食べれば食べるほど…… 먹으면 먹을수록……
する	サ変	→ 勉強すれば 공부하면
来る	カ変	→ 早く来ればいいが…… 빨리 오면 좋지만……

6. 명령형

명령의 뜻을 나타내면서 말을 끝맺는 형이다.

書く	五段	→ もう少しゆっくり書け 좀더 천천히 써라
見る	上一	→ こっちを見ろ(よ) 이쪽을 보아라
食べる	下一	→ もう少し食べろ(べよ) 좀더 먹어라
する	サ変	→ 早く勉強せよ(しろ) 빨리 공부하여라
来る	カ変	→ 早く帰って来い 빨리 돌아오너라

위에서는 동사의 활용형을 알아보았다. 동사에 따라서 활용하는 법칙이 여러 가지로 다르다는 점을 발견했을 것이다. 활용하는 법칙을 종류별로 대별하면 다음과 같다.

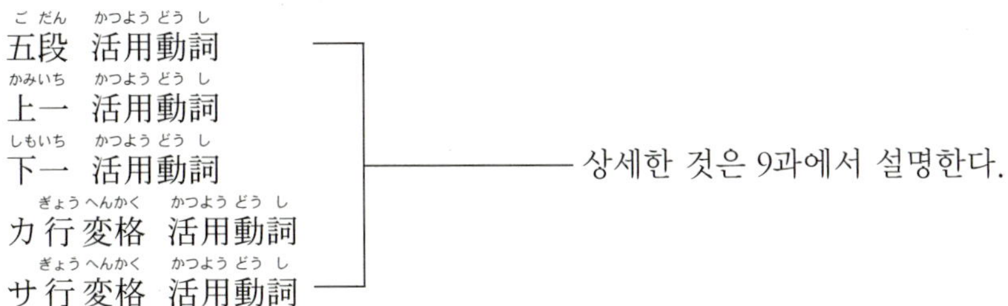

* 활용형이란 미연형 · 연용형…식의 분류이고, 활용종류는 활용동사를 종류별로 분류하여 일컫는 문법용어이다.

4 동사의 연용형

「なさい」는 「する(한다)」의 경어 「なさる(하시다)」의 명령형이며, 동사의 「연용형 + なさい」의 형태가 되어 보조동사 구실을 한다. 그 뜻은 「~하거라(가벼운 명령), ~하세요」가 된다.

예 はなせ → はなしなさい。 이야기하세요.

かえれ → かえりなさい。 돌아가세요.

おきろ → おきなさい。 일어나세요.

그러나 「なさい」는 아무리 경어라고 해도 역시 명령형이기 때문에 일본에서는 윗사람에게는 삼가해야 한다. 보통 「はなしなさい(이야기하세요)」 대신에 「はなしてください(이야기해 주세요)」를 사용한다. 즉 「~なさい」 대신에 「~てください」를 사용한다.

5 「公園(こうえん)で」와 「バスで」

여기서 나오는 「で」는 격조사이며, 「公園(こうえん)で」의 「で」는 동작작용이 진행되는 장소를 나타내어 우리말로 하면 「~에서」가 되고, 「バスで」의 「で」는 수단 · 방법 · 재료를 나타내어 우리말로 하면 「~으로」가 된다. 그 외의 용법은 아래 용례를 참고할 것.

① バスで学校(がっこう)へ行(い)く。 버스로 학교에 간다. (수단)

② 公園で運動(うんどう)する。 공원에서 운동한다. (장소)

③ 火事で家がやけた。 화재로 집이 타 버렸다. (원인)
④ わたしは一日二食でよい。 나는 하루 두 끼로 충분하다. (기준)
⑤ 海は静かで、 바다는 조용하고, (형용동사 「しずかだ」의 연용형 어간)
⑥ 彼は社長で、わたしは副社長だ。
그는 사장이고, 나는 부사장이다. (단정조동사 「だ」의 연용형)
⑦ で、家に帰った。 그래서 집으로 돌아갔다. (접속사 「で」)

6「おきなさいよ」

여기서 나오는 「よ」는 종조사로서 다음과 같이 사용된다. 우리말로는 「~요, ~이야, ~말이야」가 된다.

① 단정 · 주장 · 강조의 뜻을 나타낸다.
예 あなたが行かなくても、わたしは行くよ。 당신이 가지 않아도 나는 가요.

② 상대를 꾸짖는 경우에 사용한다.
예 なぜ、ぼくに教えてくれなかったんだよ。 왜 나에게 가르쳐 주지 않았던 거야?

③ 명령이나 의뢰의 뜻을 강조할 경우에 사용한다.
예 早くおきなさいよ。 빨리 일어나.

④ 상대방에게 권유할 때 사용한다.
예 お茶でも飲みましょうよ。 차라도 마시죠.

7「近くの家」

「近く」는 형용사 「近い」의 활용형이 아니고, 명사로 「가까운 곳」이란 뜻을 가지고 있다. 우리말로 「가까운 집」이 된다.

Column

단고노섹쿠
(端午の節句)

5월 5일에 행해지는 행사로 어린이날(子供の日)이라고 하지만, 엄밀히 말하면 남자아이들의 축일이라 할 수 있다(여자아이의 축일은 3월 3일로 히나마쓰리로 불리운다). 이 날은 여름의 시작이라는 점에서 단고노섹쿠(端午の節句)라고 불리운다. 악령을 쫓고 남자아이의 건강과 성장을 기원하기 위하여, 문 밖에 고이노보리(鯉のぼり:잉어깃발)를 내걸고 창포를 띄운 욕조로 목욕을 한다. 고이(잉어)는 급류를 거슬러 올라가 폭포조차도 헤엄칠 수 있는 활력과 힘이 있다고 해서 옛날부터 입신양명을 나타내는 상징으로 알려져 있다.

또 창포는 가늘고 뾰족한 잎 모양이 날카로운 칼 끝과 비슷하기 때문에 강인하고 씩씩한 정신력을 부여하기 위해 남자아이의 목욕물에 창포 잎을 넣는 풍습이 있다는 설과, 창포(菖蒲)는 일본말로 쇼부(しょうぶ)인데 무(武)를 숭상한다는 쇼부(勝負)와 똑같이 발음된다. 그래서 남자아이들이 튼튼하고 씩씩하게 자라나길 바라는 마음에서 창포 물에 목욕한다는 설도 있다. 실내에서는 무사(武士)인형을 장식하기도 하고, 치마키(ちまき:대나무 잎으로 말아서 찐 떡)를 먹는다. 잉어, 무사인형, 창포, 대나무 등은 모두 강한 힘을 상징하고 있다.

9 きのうは何(なに)をしましたか。

文型 1. ます / ました　～ㅂ니다 /～었습니다

本(ほん)をよみます。/ よみました。책을 읽습니다./ 책을 읽었습니다.

文型 2. ～ことがある　～한 적이 있다

みたことがあります。본 적이 있습니다.

文型 3. ～に　～하러

みにいきます。보러 갑니다.

文型 4. ～たり～たりする　～하기도 하고 ～하기도 하다

本をよんだりビデオをみたりした。책을 읽기도 하고 비디오를 보기도 했다.

1 きのうは一日中(いちにちじゅう)雨(あめ)がふりました。朴(パク)さんはずっと家(いえ)にいて、本(ほん)をよんだりビデオをみたりしました。

今日(きょう)、ともだちの佐藤(さとう)さんがたずねてきました。

佐藤(さとう)　きのうは雨(あめ)がよくふりましたね。

朴(パク)　そうでしたね。一日中(いちにちじゅう)よくふりましたね。

佐藤(さとう)　きのう、どこかへでかけましたか。

朴(パク)　いいえ、雨(あめ)がふったので、どこへもでかけませんでした。
ずっと家(いえ)にいました。

佐藤(さとう)　そうですか。で、うちで何(なに)をしましたか。

朴(パク)　本(ほん)をよんだりビデオをみたりしました。

佐藤(さとう)　何(なん)の本(ほん)をよみましたか。

朴(パク)　小説(しょうせつ)で『雪国(ゆきぐに)』です。

佐藤　ああ、川端康成のノーベル賞受賞作品ですね。
おもしろかったですか。

朴　はい、とてもおもしろかったです。
佐藤さんもよみましたか。

佐藤　もちろん高校生のときよみました。しかし、わたしはあまりおもしろくありませんでした。ビデオは何を見ましたか。

朴　レンタル・ビデオ・ショップで「冬のソナタ」をかりて見ました。

佐藤　韓国に行った時、私もテレビでみました。非常に人気がありました。

朴　ところで、佐藤さんはきのうどこかへ行きましたか。

佐藤　はい、映画を見に行きました。

朴　邦画をみましたか、洋画をみましたか。

佐藤　本来は邦画が好きですが、きのうは洋画をみました。

朴　よく映画を見に行きますか。

佐藤　はい、月に2、3度行きます。
朴さんはどうですか。

朴　わたしは月に1度ぐらいです。
韓国の映画はどうですか。

佐藤　とても好きです。このごろ、日本でも韓国の映画を上映するので、その時はかならず行きます。

새로운 단어

◆ 명사

雨(あめ) 비

一日中(いちにちじゅう) 하루종일

家(いえ) 집

受賞(じゅしょう) 수상

もちろん 물론

ノーベル賞(しょう) 노벨상

人気(にんき) 인기

洋画(ようが) 외화

度(ど) 번

風(かぜ) 바람

こと 적

ずっと 쭉, 내내

小説(しょうせつ) 소설

作品(さくひん) 작품

テレビ 텔레비전

非常(ひじょう)に 매우

邦画(ほうが) 방화

本来(ほんらい) 본래, 원래

必(かなら)ず 꼭

上映(じょうえい) 상영

◆ 동사

見(み)る 보다

来(く)る 오다

でかける 나가다

読(よ)む 읽다

たずねる 묻다, 찾다, 방문하다

こえる 넘(어가)다

◆ 형용사

おもしろい 재미있다

학습요점

1「しましたか」

「ます」의 과거형은 「ます」의 연용형 「まし」에 과거를 나타내는 조동사 「た」가 붙은 「ました」이다. 이것에 의문을 나타내는 조동사 「か」를 붙여 「ましたか」가 된다.

します　→　しました
しますか　→　しましたか

부정형 「ません」의 과거형은 「でした」가 붙어 「ませんでした」가 된다.

しませ　→　しませんでした
しませんか　→　しませんでしたか

2「よんだことがありますか」

「よんだ」는 「よむ」에 과거조동사 「た」가 붙은 것이다. 원래 「よみた」가 되어야 하는데 음편화하여 *「よんだ」가 된 것이다. 「こと」는 이 경우 「~한 적」의 「적」이고 과거의 경험을 나타낸다. 그러니까 「よんだことがありますか」는 「읽은 적이 있습니까?」가 된다.

*조사음편은 10과 참조

3「映画をみに行きます」

「みに」는 동작성 명사(「み」도 명사화된 동사)에 조사 「に」를 붙여서 동작의 목적 달성 「~보러」의 의미를 나타낸다.

예 映画をみに行きます。영화를 보러 갑니다.
日本に出張に行く。일본에 출장을 간다.
いちばへ買い物に行きます。시장에 쇼핑하러 갑니다.
ともだちが勉強にきます。친구가 공부하러 옵니다.

4「Vたり～Vたり」

동사 연용형에 たり를 붙인 「Vたり～Vたり」는 여러 가지 상태나 동작을 나열하는 것으로, 우리말의 「~ 하기도 하고 ~ 하기도 한다」에 해당한다.

5「たずねてきました」

「동작의 연용형 + て동사」는「て」로 두 동사를 연결한 방법이다.

예 朴(パク)さんはたずねてきました。박 씨는 찾아 왔습니다.

ソウルへ行ってみました。서울에 가 봤습니다.

6「そうでした」

「そうです」의 과거형이다.「です」의 과거는「です」의 연용형「でし」에 과거의 조동사「た」를 붙여「でした」가 된다. 그래서「そうです(그렇습니다)」→「そうでした(그랬습니다)」가 된다.

7「どこか」와「どこへも」

예 どこかへ でかけましたか。어딘가에 외출했습니까?

「か」는 どこ(어디), なに(무엇), だれ(누구) 등에 붙어 「~ 인가」,「~ 인지」의 뜻을 나타낸다.

예 どこかへいきますか。어딘가에 갑니까?

なにかありますか。뭔가 있습니까?

だれかいますか。누군가 있습니까?

8「ので」

용언 및 조동사의 연체형에 접속한다 : 동작 · 작용의 원인 · 이유를 나타낸다.

예 雨(あめ)が降(ふ)ったので、旅行(りょこう)するのをやめました。비가 내렸기 때문에 여행하는 것을 그만두었습니다.

どうにも方法(ほうほう)がなかったので困(こま)りました。아무리해도 방법이 없었기 때문에 곤란했습니다.

あんまりとなりの部屋(へや)がうるさいので、よく眠(ねむ)れませんでした。

너무 옆방이 시끄러워서 잘 잘 수가 없었습니다.

頭(あたま)が痛(いた)いので休(やす)んでいます。머리가 아파서 쉬고 있습니다.

참고

접속조사「から」와「ので」는 원인과 이유를 나타내고 있는 점에서는 같으나 용법에 있어서는 다른 점도 있다.

①「から」와「ので」가 같이 쓰이는 경우

a. 雨が降った［から／ので］旅行するのを止めました。

비가 내렸기 때문에 여행하는 것을 그만두었습니다.

b. 春になった［から／ので］暖かくなった。

봄이 되었기 때문에 따뜻해졌다.

위의 예문에서「から」와「ので」는 거의 같이 사용하고 있다. 구태여 구별하려 한다면「から」는 주관적 원인과 이유를 강하게 나타내고 있고,「ので」는 객관적으로 자연히 그 다음 일이 일어나게 됨을 나타낸다.

a. 疲れたので、眠ってしまった。(O)

피곤해서 자 버렸다.

b. 疲れたから、眠ってしまった。(X)

피곤해서 자 버렸다.

「つかれる」와「眠る」는 무의지동사여서 자연스럽게 그 결과를 나타내고 있기 때문에「ので」쪽이 더 자연스런 문장이다.

② 추량 · 금지 · 단정을 나타내는 경우 :「から」는 사용되지만「ので」는 사용하기 어렵다.

a. 夏休みだから、家にいないだろう。 여름휴가이기 때문에 집에 없을 것이다.

b. 危ないから、乗ってはいけません。 위험하기 때문에 타서는 안된다.

c. とてもさむいからです。 무척 춥기 때문입니다.

③ 명령 · 권유 · 희망 · 의지를 나타낼 때 :「から」는 사용하지만「ので」는 사용하기 어렵다.

a. すぐ帰るから待っていろ。 곧 돌아갈테니까 기다리고 있어라.

b. 学校にはまだ早いからゆっくり行こう。 학교에는 아직 이르니까 천천히 가자.

c. この町には静かだからここに住みたいね。

이 동네는 조용하니까 여기서 살고 싶구나.

d. 雨は降らないからかさはおいて行こう。 비는 내리지 않으니까 우산은 놓고 가겠다.

④ 자연적 · 물리적 · 생리적인 현상을 나타낼 경우 :「ので」를 사용하는 편이 자연스럽다.

a. 冬は寒いので、ほとんど家にいます。 겨울은 추워서 거의 집에 있습니다.

b. きのうはつかれていたので、早く寝ました。 어제는 피곤해서 일찍 잤습니다.

9 川端康成(かわばたやすなり)

川端康成(かわばたやすなり)는 일본의 첫 번째 노벨문학상 수상자이고, 그 때 수상작품은 『雪国(ゆきぐに)』였다.

10 レンタル・ビデオ・ショップ

일본에서는 영어의 단어를 사용해서 새로운 말을 만든다. 이것을 이른바 和製(わせい)(日本式(にほんしき)) 영어라고 한다. 여기서 나오는 「レンタル・ビデオ・ショップ」는 그대로 영어표기하면 「rental video shop」이며, 우리말로 「비디오가게」가 된다.

11 「月(つき)に一度(いちど)」

「ど(度)」는 횟수를 나타내는 말로써, 한국어의 「~번」에 해당되지만, 한자의 「番」을 사용해서는 안 된다. 「番」은 일본어에서 「ばん」으로 발음되며 의미는 차례를 뜻한다.
「ど(度)」의 뜻은 횟수를 뜻하며, 이 경우에 젊은이들은 「かい(回)」를 많이 쓰기도 한다.

12 동사 활용

8과에서 동사의 활용형을 알아보았다. 동사에 따라서 활용하는 법칙이 여러 가지로 다른 점을 발견했을 것이다. 활용 법칙을 종류별로 대별하여 분류하면 다음과 같다.

五段 活用動詞

上一段 活用動詞
下一段 活用動詞
カ行変格 活用動詞
サ行変格 活用動詞

위의 다섯 가지 가운데 カ行変格 活用動詞와 サ行変格 活用動詞는 각각 하나씩 밖에 없고 동사의 활용종류는 五段 活用動詞・上一段 活用動詞・下一段 活用動詞의 세 가지를 생각하면 된다.

1. 五段 活用動詞

行	기본형	어간	어미	미연형	연용형	종지형	연체형	가정형	명령형
カ	行く 가다	い	く	か ka こ ko	き ki	く ku	く ku	け ke	け ke
マ	読む 읽다	よ	む	ま ma も mo	み mi	む mu	む mu	め me	め me
활용법				a o	i	u	u	e	e
주된 접속				ない う	ます	말을 끝맺음	とき	ば	명령으로 끝맺음

위에서 보는 바와 같이 五段 活用動詞는 마지막 한 글자(어미)가 활용하며 그 활용은「a・i・u・e・o」五段 전체에 활용하므로 五段活用이라고 한다.

2. 上一段 活用動詞

行	기본형	어간	어미	미연형	연용형	종지형	연체형	가정형	명령형
カ	おきる 일어나다	お	きる	き ki	き ki	きる ki + る	きる ki + る	きれ ki + れ	きろ ki + ろ
マ	見る 보다	○	みる	み mi	み mi	みる mi + る	みる mi + る	みれ mi + れ	みろ mi + ろ

활용법	i	i	i+る	i+る	i+れ	i+ろ
주된 접속	ない よう	ます た て	말을 끝맺음	とき	ば	명령으로 끝맺음

위에서 보는 바와 같이 「イ段」만으로 활용한다. 즉 「a · i · u · e · o」의 五段의 중심인 「ウ(u)段」보다 一段 위인 「イ(i)段」으로 활용하므로 上一段活用이라고 한다.

3. 下一段 活用動詞

行	기본형	어간	어미	미연형	연용형	종지형	연체형	가정형	명령형
バ	食べる 먹다	た	べる be	べ be	べ be+る	べる be+る	べる be+れ	べれ be+ろ	べろ
ナ	寝る 자다	○	ねる	ね ne	ね ne	ねる ne+る	ねる ne+る	ねれ ne+れ	ねろ ne+ろ
활용법				e	e	e+る	e+る	e+れ	e+ろ
주된 접속				ない よう	ます た て	말을 끝맺음	とき	ば	명령으로 끝맺음

위에서 보는 바와 같이 「エ段」만으로 활용한다. 즉 「a · i · u · e · o」의 五段의 중심인 「ウ(u)段」보다 一段 아래의 「エ(e)段」으로 활용함에 의하여 下一段 活用이라고 한다.

4. カ行変格 活用動詞

기본형	어간	어미	미연형	연용형	종지형	연체형	가정형	명령형
来る 오다	○	くる	こ	き	くる	くる	くれ	こい
주된 접속			ない よう	ます た て	말을 끝맺음	とき	ば	명령으로 끝맺음

이 활용동사는 「来(く)る(오다)」 하나밖에 없으니, 그대로 암기하는 것이 좋다.

5. サ行変格 活用動詞

기본형	어간	어미	미연형	연용형	종지형	연체형	가정형	명령형
する 하다	○	する	さ し せ	し	する	する	すれ	しろ
주된 접속			ない よう ず	ます た て	말을 끝맺음	とき	ば	명령으로 끝맺음

이 활용동사는 「する(하다)」 하나밖에 없으니 그대로 암기하는 것이 좋다.

サ行変格 活用動詞는 「する(하다)」 하나뿐이지만, 「する」는 다른 말과 합하여 많은 복합동사를 만든다. 복합동사는 결합된 부분이 어간이 된다.

①「명사+する」 勉強(べんきょう)する、研究(けんきゅう)する

②「동사의 연용형+する」 読(よ)みかきする、お知(し)らせする

③「외래어+する」 デートする、ドライブする

Column

오쇼가쓰
(お正月 설날)

오쇼가쓰는 공식적으로 1월 1일에서 3일까지이며, 우리 나라와 마찬가지로 모든 관공서나 대부분의 회사는 휴일이다. 설 기간에 행해지는 일반적인 풍습은 고대인의 종교적인 행사에서 유래된 것으로, 그들은 조상혼의 비호와 풍작을 기원했던 것이다. 그러나 오늘날은 종교적인 의미는 사라지고, 단지 신년을 축하하는 의미로 옛날부터의 풍습이 지켜지고 있는 것이다. 설을 위한 준비는 원래 새해를 주관하는 도시가미(年神 : 해의 신)를 맞이하기 위한 것이었다. 집 입구에는 행운을 가져온다는 가도마쓰(門松 : 소나무장식)를 세우고, 가가미모치(鏡餅 : 떡으로 장식한 것)를 쌓는다.

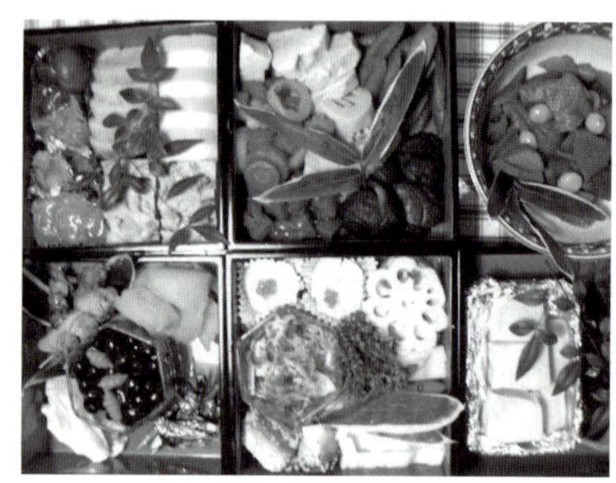

설날 전의 밤은 오미소카(大晦日)라 하며, 이 날은 나이를 한 살 더 먹는다는 도시코시소바(年越しそば)를 먹고, 정월 초하루에는 가족과 함께 신사참배 하러 간다. 이러한 습관을 하쓰모데(初詣)라 한다. 설날에 먹는 음식은 오세치(お節)요리라 하여 주로 도미, 우엉, 연근, 어묵, 새우, 콩 등을 먹는데 이러한 음식의 이름에는 전부 좋은 의미가 담겨져 있다.

10 こちらに来てください。

文型 1. 本をよみなさい。책을 읽으세요.

文型 2. 本をよんでください。책을 읽어 주세요.

文型 3. 本をよみましょう。 책을 읽읍시다.

文型 4. たずねてきました。찾아 왔습니다.

1

伊藤　先生、おはようございます。

先生　はい、おはよう。今日は動作にかんすることばを勉強しましょう。
伊藤君立ちなさい。
(伊藤君は立ちあがる)

先生　右うでを高くあげなさい。
(伊藤君は右うでを高くあげる)

先生　右うでをおろして、左うでをあげなさい。
(伊藤君は右うでをおろして、左うでをあげる)

先生　次は両うでを前にのばして、左右にふりなさい。
(伊藤君は両うでを前にのばし、左右にふる)

先生　最後に、両うでを高くあげて、せすじをのばしなさい。
(伊藤君は両うでを高くあげ、せすじをのばす)

先生　はい、よろしい。すわりなさい。
(伊藤君はすわる)

2 （少し後で）　20

先生　こんどは宮崎さん、立ってください。

（宮崎さんが立ちあがる）

先生　今、宮崎さんはどうしましたか。

宮崎　立ちました。

先生　さあ、こちらにきてください。

（宮崎さんが先生の前に来る）

先生　あそこのドアがあるところへ行ってください。ドアをあけて、一歩外に出てください。

（宮崎さんがドアの外に出る）

先生　また、へやの中にはいり、ドアをしめてください。

もういいから、せきにもどっていすに座ってください。宮崎さんはどこに行って来ましたか。

宮崎　ドアのあるところへ行って来ました。

先生　ドアをあけましたか。

宮崎　はい、あけました。

先生　そして、どうしましたか。

宮崎　ドアの外に出ました。

先生　そして、どうしましたか。

宮崎　また、へやの中にはいって来ました。

先生　そして、どこへ行きましたか。

宮崎　わたしの席にもどってきました。

새로운 단어

◆ 명사

動作（どうさ） 동작

右（みぎ） 오른쪽

腕（うで） 팔

背筋（せすじ） 등골

さあ 자,

一歩（いっぽ） 한발짝, 일보

所（ところ） 곳

また 또

言葉（ことば） 말

左（ひだり） 왼쪽

最後（さいご） 마지막

今度（こんど） 이번

ドア 문

外（そと） 밖

もう 이제

席（せき） 자리

◆ 동사

関（かん）する 관하다

上（あ）がる 오르다

おろす 내리다

振（ふ）る 흔들다

開（あ）ける 열다

入（はい）る 들어(가)오다

戻（もど）る 돌아오(가)다

立（た）つ 일어서다

あげる 올리다

伸（の）ばす 펴다

座（すわ）る 앉다

出（で）る 나가(오)다

閉（し）める 닫다

◆ 형용사

高（たか）い 높다

よろしい 좋다

학습요점

1 동사 음편

동사 음편에는 イ음편 · 촉음편 · 발음편의 세 가지가 있고, 동사 가운데 五段 活用動詞의 연용형에 「た」·「て」·「たり」가 붙을 때 일어난다. 그러나, 五段 活用動詞라도 サ行 活用(はなす · ながす 즉, 기본형일 때의 어미가 「す」)에서는 일어나지 않는다.

1. 「い」음편

① 어미가 「く」「ぐ」인 五段 活用動詞가 「た」·「て」·「たり」에 연결될 때 어미가 「い」로 변하는 것을 말한다.

② 어미 「ぐ」가 음편이(い음편)이 될 때는 뒤에 붙는 「た」·「て」·「たり」에 탁음이 와서 「だ」·「で」·「だり」가 된다.

③ 「行(い)く」는 어미가 「く」이지만 「い음편」이 안되고 「촉음편」이 되는 유일한 예외이다.

《い(イ)음편표》

行	기본형	어간	어미	연용형		
				た에 연결	て에 연결	たり에 연결
か	さく	さ	く	さいた	さいて	さいたり
	피다			피었다	피어서	피기도 하고
が	およぐ	およ	ぐ	およいだ	およいで	およいだり
	헤엄치다			헤엄쳤다	헤엄쳐서	헤엄치기도 하고

2. 촉음편(つまる 음편)

① 촉음편이란, 어미가 「つ」「る」「う」인 五段 活用動詞가 「た」·「て」·「たり」에 연결될 때 어미가 「っ」로 변하는 것을 말한다.

② 촉음편에 쓰여지는 「っ」는 작게 표기한다.

예 持(も)った 가졌다　　売(う)って 팔아서
走(はし)ったり 달리기도 하고

《촉음편표》

行	기본형	어간	어미	연용형		
				た에 연결	て에 연결	たり에 연결
た	打つ	う	つ	打った	打って	打ったり
	치다			쳤다	쳐서	치기도 하고
り	おこる	おこ	る	おこった	おこって	おこったり
	화내다			화냈다	화내서	화내기도 하고
あ わ	習う 배우다	なら	う	習った	習って	習ったり
				배웠다	배워서	배우기도 하고

3. 발음편(はねる 음편)

① 발음편이란, 어미가 「ぬ」·「む」·「ぶ」인 五段 活用動詞가 「た」·「て」·「たり」에 연결될 때 어미가 「ん」으로 변하는 것을 말한다.

② 이 발음 「ん」도 한 박자로 발음해야 한다.

③ 발음편이 될 때에는 뒤에 붙는 「た」·「て」·「たり」에 탁음이 와서 「だ」·「で」·「だり」가 된다.

《발음편표》

行	기본형	어간	어미	연용형		
				た에 연결	て에 연결	たり에 연결
な	死ぬ	し	ぬ	死んだ	死んで	死んだり
	죽다			죽었다	죽어서	죽기도 하고
ま	読む	よ	む	読んだ	読んで	読んだり
	읽다			읽었다	읽어서	읽기도 하고
ば	学ぶ	まな	ぶ	学んだ	学んで	学んだり
	배우다			배웠다	배워서	배우기도 하고

2「立(た)ってください」

「ください」는 우리말로 「주세요」가 된다.

이「ください」는 「동사의 연용형」에 이어져「동사의 연용형+て+ください」가 되어 우리말로 「~어 (해)주세요」「~어 (해)주십시오」 등의 부탁 · 의뢰의 뜻이 된다.

예 出(で)てください。 나가 주세요.
しめてください。 닫아 주세요.
すわってください。 앉아 주세요.

3「ことばを勉強(べんきょう)しましょう」

「동사의 연용형+ましょう」는 「~ㅂ시다」의 뜻이 된다.

예 ことばを勉強(べんきょう)しましょう。 말을 공부합시다.
日本(にほん)へ行(い)きましょう。 일본에 갑시다.

「동사연용형+ましょうか」는 상대방의 의향을 물을 때의 「ㄹ까요?」란 뜻이 된다.

예 日本へ 行きましょうか。 일본에 갈까요?

4「行(い)って来(き)ました」

동사와 동사를 연결할 때는「동사의 연용형+て+동사」의 형태가 된다.

예

出(で)ていく	나가다	出てくる	나오다
はいっていく	들어가다	はいってくる	들어오다
はっていく	기어가다	はってくる	기어오다
歩(ある)いていく	걸어가다	歩いてくる	걸어오다
走(はし)っていく	뛰어가다	走ってくる	뛰어오다
飛(と)んでいく	날아가다	飛んでくる	날아오다
帰(かえ)っていく	돌아가다	帰ってくる	돌아오다

5「さあ、……」

감동사로서 다음 말을 생각할 시간을 벌기 위할 때, 또는 상대의 말과 행동을 촉구할 때와 호소할 때 쓰인다.

예 さあ、よくわかりませんが。글쎄요, 잘 모르겠습니다만.

さあ、どうぞおあがりください。자, 어서 올라 오십시오.

6「左右(さゆう)にふる」와「最後(さいご)にあげる」

「に」는 동작 작용의 상태 또는 때를 나타낸다.

예 はたを左右(さゆう)にふる。기를 좌우로 흔든다.

最後(さいご)にはたをあげる。마지막에 기를 올린다.

Column

스모
(相撲)

스모는 우리나라의 씨름과 비교되는 일본의 국기(国技)이다. 정식 스모 경기는 매년 홀수 달에 도쿄(東京), 오사카(大阪), 나고야(名古屋), 그리고 후쿠오카(福岡)에서 총 6회에 걸쳐 매회 15일간의 토너먼트 형식으로 개최되고, 그 밖에는 지방 순회경기나 해외에서 열리는 홍보용 경기도 있다. 스모의 역사는 장구하여 길게는 일본 헤이안(平安)시대(794~1192) 궁중에서 행해지던 스마이노세치(相撲節)까지 거슬러 올라갈 수가 있으나, 현재의 제도는 약 300년 전에 확립된 것으로 알려져 있다. 스모선수가 우리의 상투와 유사한 존마게(ちょんまげ) 모습을 하고 팬티와 샅바 역할을 대신하는 마와시(まわし)를 착용하는 점, 그 밖에 각 지역을 대표하는 헤야(部屋) 제도, 사제관계 등은 이와 같은 전통방식에 따른 것이다.

또한 스모 선수는 제각각 계급이 있어 밑으로는 조노쿠치(序の口)부터 위로는 요코즈나(横綱)에 이르기까지 총 10단계가 있다. 최근에는 외국인 스모 선수도 많이 배출되고 있는데, 특히 우리나라 출신으로는 중상위 계급 마쿠노우치(幕の内)에 가스가오우(春日王)도 좋은 활약을 보이고 있다.

11 口ではなすことができます。

文型 1. 手で字をかきます。 손으로 글씨를 씁니다.

文型 2. 空をとぶことができます。 하늘을 날 수 있습니다.

1 人の顔には目が二つ、耳が二つ、鼻が一つ、口が一つあります。

人は、目で何をしますか。

— 目では物をみます。

耳では何をしますか。

— 耳では音をききます。

鼻では何をしますか。

— 鼻では息もし、においもかぎます。

何でものをたべますか。

— 口で食べます。

口ではまた、何ができますか。

— はなしをします。

また、鼻と同じく息もすることができます。

2 人には二つの手と二つの足があります。

手では何をしますか。

— 手ではいろいろなものをもちます。字も書き、絵もかきます。そして、重要なのは、人は手でいろいろな道具をつくり、それをつかいます。これが人と他の動物がちがう点です。

足はどうですか。

— 足も重要です。足では歩きもし、走りもし、跳びもします。

犬や猫にも手足がありますか。

— 犬や猫には手がなく、足だけが四本あります。しかし、前足二本が手の役割をすることができます。

鳥は足が二つあり、手の代わりに羽が二つあります。
鳥は羽で空を飛ぶことができます。
魚は手も足もありません。水の中にすみ、およぐことができます。鳥の中でもおよげるものもいます。
それを水鳥といいます。
哺乳類の中でも、くじらやイルカは水の中にすみ、およぎができます。

にわとりも空を飛べますか。

— にわとりも鳥の一種ですが、うまく飛べません。

哺乳類の中で空を飛べるものがいますか。

— コウモリは羽はありませんが、自由に空をとぶことができます。

새로운 단어

◆ 명사

目(め) 눈
食べ物(たべもの) 음식
字(じ) 글씨
空(そら) 하늘
鼻(はな) 코
音(おと) 소리
絵(え) 그림
におい 냄새
重要(じゅうよう) 중요
点(てん) 점
役割(やくわり) 역할
代わり(かわり) 대신
魚(さかな) 물고기,생선
哺乳類(ほにゅうるい) 포유류
イルカ 돌고래
自由(じゆう) 자유

口(くち) 입
手(て) 손
水(みず) 물
耳(みみ) 귀
で (으)로
息(いき) 숨
足(あし) 발
話(はなし) 이야기
動物(どうぶつ) 동물
道具(どうぐ) 도구
鳥(とり) 새
羽(はね) 날개
水鳥(みずとり) 물새
鯨(くじら) 고래
コウモリ 박쥐

◆ 동사

話す(はなす) 이야기하다
歩く(あるく) 걷다
泳ぐ(およぐ) 헤엄치다
聞く(きく) 듣다
持つ(もつ) 들다,가지다
使う(つかう) 사용하다
走る(はしる) 뛰다, 달리다

書く(かく) 쓰다
できる 할 수 있다
飛ぶ(とぶ) 날다
かぐ 맡다
作る(つくる) 만들다
ちがう 틀리다
住む(すむ) 살다

◆ 형용동사

同じだ(おなじだ) 같다
重要だ(じゅうようだ) 중요하다

학습요점

1「目(め)で物(もの)をみる」

「目(め)で」의 「で」는 수단을 나타내는 조사이고, 우리말로 「(~으)로」가 된다.

예 目で物(もの)をみる。눈으로 물건을 보다.

2 가능형

① N1はN2ができます。~를 할 수 있습니다.

私(わたし)はおよぐことができます。

V

명사구

N1はN2をV(연체형)ことができます。가능, ~수가 있습니다.

N1は N2をV(연체형)ことができません。부정,~수가 없습니다.

N1は N2をV(연체형)ことができる。강한 가능의 표시를 나타냄, ~수가 있다.

「できる」바로 앞에 있는 목적어를 받을 때 「を」가 아니라 「が」를 습관상으로 사용한다.

예 テニスができる。테니스를 할 수 있다.

② 가능동사

다음과 같은 가능동사는 五段動詞에만 해당된다.

五段動詞의 어미를 エ段으로 변화시키고 그것에 「る」를 붙여서 下一段動詞를 만든다.

- かく → かける 쓸 수 있다
  ku ke+る
- とぶ → とべる 날 수 있다
  bu be+る
- よむ → よめる 읽을 수 있다
  mu me+る

③ 가능조동사「れる・られる」

五段動詞・サ変動詞에는「れる」를 사용할 수 있으나 이 가능형은 일반적으로 쓰지 않는다. 이 가능형은 주로 上一段, 下一段動詞 및 カ変動詞에 사용한다. 이 때는「られる」를 쓴다.

上一段・下一段動詞(미연형)

おきる　：おき(미연형)　＋られる　→　おきられる 일어날 수 있다.
みる　：み(미연형)　＋られる　→　みられる 볼 수 있다.
たべる　：たべ(미연형)　＋られる　→　たべられる 먹을 수 있다.
かんがえる：かんがえ(미연형)　＋られる　→　かんがえられる 생각할 수 있다.
くる　：こ(미연형)　＋られる　→　こられる 올 수 있다.*

*「これる」도 이는 최근 らぬき言葉(ことば)라 하여 특히 회화체에서 종종 사용되고 있다.

④ サ変動詞어간＋できる。

サ変動詞의 경우 그 어간에「できる」를 붙이면 된다.

勉強(べんきょう)する → 勉強できる 공부할 수 있다.
信用(しんよう)する → 信用できる 신용할 수 있다.
説明(せつめい)する → 説明できる 설명할 수 있다.

3「息(いき)もし、においもかぎます」

「〜し、〜し、〜」두 가지 이상의 사실을 열거하여 서로 호응시켜 강조한다.

4「においをかぐ」

「냄새」에는「かぐ(맡다)」라는 동사가 붙는 것 같이, 어느 명사에나 정해져 있는 동사가 붙는다. 명사와 같이 그 동사를 암기하는 것이 좋다.

예 いきをする。숨을 쉬다.
においをかぐ。냄새를 맡다.
服(ふく)をきる。옷을 입다.
絵(え)を描(か)く。그림을 그리다.
くつをはく。신을 신다.
ぼうしをかぶる。모자를 쓰다.
たばこをすう。담배를 피우다.
てぶくろをはめる。장갑을 끼다.
字(じ)を書(か)く。글씨를 쓰다.
めがねをかける。안경을 쓰다

Column

온천
(温泉)

일본에는 대략 14,000개의 크고 작은 온천이 있고 그 중 150여개는 이름 있는 관광지로써 개발되어 있다. 일본인은 본디 온천에 몸을 담그는 것을 매우 좋아하여, 멀게는 8세기 중반 나라(奈良)시대 문헌에도 남녀노소가 매일 모여 온천욕을 즐기는데, 한 번 입욕하면 용모가 예뻐지고 두 번 하면 만병이 치유된다고 기록할 정도이다. 이는 일본 특유의 자연환경에 걸맞게 옛날부터 온천은 각지에 산재하여 놀고 즐기는 장소로써 뿐만 아니라 미용과 치료, 더 나아가서는 목욕재계의 의미까지도 내포하고 있었던 것이다.

오늘날에도 온천은 미용과 병 치유는 물론, 하루일과를 마치고 주변 사람들과의 교제나 정보교환의 장소로써 일종의 이상적인 쉼터의 기능을 갖는 것이다. 한편 1948년에 제정된 일본의 온천 법에 의하면 물 온도는 25℃ 이상이어야 하며 여러 종류의 광물질이나 천연가스 등 특정성분을 일정량 이상 포함하고 있어야 한다고 되어 있다. 아울러 옛날부터 지금까지 있는 일본의 유명한 3대 온천으로는 고베(神戸)시의 아리마(有馬)와 마쓰야마(松山)시의 도고(道後)온천, 그리고 군마(群馬)현 북서부에 위치한 구사쓰(草津)온천을 들 수가 있다.

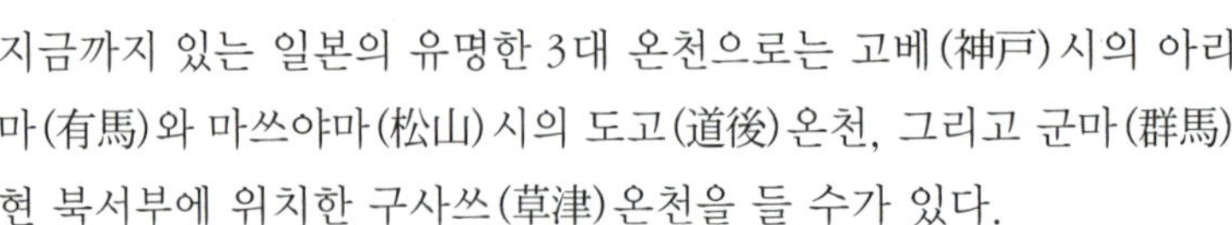

12 今、何をしていますか。

文型 1. 雨がふっています。 비가 내리고 있습니다.

文型 2. 食事をしている人 식사를 하고 있는 사람

1 ここは大学の寮です。朝から雨がふっているので、休みにもかかわらず、ほとんどの学生は外出しないで自分の部屋にいます。

まだ雨がふっていますか。

— はい、まだ雨がふっています。

いつからふっていますか。

— 朝からずっとふりつづいています。

風はどうですか。

— 風は少し前にやみました。

では、外には人が歩いていますか。

— はい、たくさんの人が歩いています。

みんなかさをさしていますか。

— はい、みんな色とりどりのかさをさして歩いています。

2 宮田さんは今、部屋にいますか。

— はい、います。

今、何をしていますか。

— 宮田さんは部屋でコンピューターをやっています。

斎藤さんも部屋にいますか。

— いいえ、いません。

どこにいますか。

— 斎藤さんも部屋でコンピューターをやっていましたが、今は食堂で昼ごはんをたべています。

工藤さんは寮に帰ってきましたか。

— はい、帰ってきました。雨にずいぶんぬれたので、今、ふろにはいっています。

吉田さんはどうしていますか。

— 吉田さんも部屋にいますが、何をしているかはしりません。

今、食事をしている人はだれですか。

— 食事をしている人は斎藤さんです。

コンピューターをやっている人はだれですか。

— コンピューターをやっている人は宮田さんです。

ふろにはいっている人はだれですか。

— ふろにはいっている人は工藤さんです。

外出してきた人はだれですか。

— その人も工藤さんです。

あそこに立っている人はだれだかわかりません。

— 吉田さんじゃありませんか。

3 あなたは毎日何をしていますか。

— 月曜日から金曜日まで学校にかよっています。土曜日と日曜日は家にかえります。

あなたのお父さんは何をしていますか。

— 私の父は小さな会社を経営しています。

お母さんは何をしていますか。

— 母は何もしていません。家にいます。

새로운 단어

◆ 명사

風呂(ふろ) 목욕

寮(りょう) 기숙사

かかわらず 불구하고, 관계 없이

外出(がいしゅつ) 외출

自分(じぶん) 자기

ずっと 쭉

皆(みな) 모두

コンピューター 컴퓨터

ずいぶん 몹시 아주, 많이

父(ちち) 아버지

経営(けいえい) 경영

母(はは) 어머니

大学(だいがく) 대학

休(やす)み 휴일, 휴가

ほとんど 거의, 대개

傘(かさ) 우산

まだ 아직

たくさんの 많은

色(いろ)とりどり 여러가지 색

食堂(しょくどう) 식당

お父(とう)さん 아버님, 아버지

会社(かいしゃ) 회사

お母(かあ)さん 어머님, 어머니

◆ 동사

吹(ふ)く 불다

止(や)む 그치다

濡(ぬ)れる 젖다, 적셔지다

分(わ)かる 알다

続(つづ)く 계속되다

さす (우산을)받다, 쓰다

知(し)る 알다

通(かよ)う 다니다

학습요점

1「동사연용형+ている」

먼저 10과에서 공부한 동사의 기본형과 「ます」형이 나타내는 시제는 현재가 아니라 미래 또는 습관이라는 사실을 알아두어야 되겠다. 현재 또는 현재진행을 나타내는 시제는 일본어에서는 「동사연용형+ている」가 담당하고 있다.

○ この頃日本語学校に通っています。 요새 일본어 학교에 다닙니다.
× この頃日本語学校に通います。
○ 大学でなにを専攻していますか。 대학에서 무엇을 전공합니까?
× 大学でなにを専攻しますか。
○ どこに住んでいますか。 어디 사십니까?
× どこに住みますか。

이와 같이 한국어 동사의 기본형은 현재 행해지고 있는 동작이나 작용을 나타낼 수 있는데 비해서, 일본어 동작의 기본형은 그것을 나타낼 수가 없는 것이다. 현재를 나타낼 때에는 반드시 「동사연용형+ている」를 써야 한다.

2「大学」

일본에서는 대학교와 대학을 구별하지 않고 모두 大学라고 한다. 즉 대학교 · 대학 · 학과가 아니라 대학 · 학부 · 학과이다. 예를 들면 「韓国大学校 人文大学 哲学科」가 「韓国大学 人文学部 哲学科」로 된다. 그러니까 총장은 학장, 학장은 학부장이 된다. 대학에 따라서 총장의 명칭을 사용하고 있으나 공식적으로는 모두 학장이다.

3「かかわらず」

① ~에 관계 없이

「~にかかわらず」의 꼴로 사용한다.

예 晴雨にかかわらず船が出ます。 날씨에 관계 없이 배가 나갑니다.
あなたの行く行かないにかかわらず、わたしは行きます。
당신이 가고 안 가고에 관계 없이 나는 가겠습니다.

② ~인데도 불구하고

「~にもかかわらず」의 꼴로 사용한다.

예 よく勉強したのにもかかわらず成績がわるい。
열심히 공부했는데도 불구하고 성적이 나쁘다.

あの人はたくさん食べるにもかかわらずやせています。
저 사람은 많이 먹는데도 불구하고 여위어 있다.

4「雨がふりつづく」

동작이 계속 이어질 때, 동사의 연용형에 「つづく(계속된다)」「つづける(계속한다)」를 붙여서 표현한다.

예 雨がふりつづく。비가 계속 내린다.

わたしは本をよみつづける。나는 책을 계속 읽는다.

5「たくさん」

① 수나 양이 많은 모양이 「たくさんの」의 꼴로 체언에 이어진다. → 많은

예 戦争でたくさんの人が死にました。전쟁으로 많은 사람이 죽었습니다.

どうぞたくさんめしあがってください。어서 많이 드세요.

② 충분함. 이 이상은 필요치 않음.

「たくさんですか」「たくさんだ」의 꼴로 사용한다. → 충분

예 もう少しいかがですか。좀더 어떻습니까?

— もうたくさんいただきました。이젠 충분합니다.

その話はもうたくさんだ。聞きたくない。그 얘기는 이젠 질색이다. 듣고 싶지 않다.

6「かさをさす」

제 11 과에서 본 것과 같이, 어떤 명사에는 정해져 있는 동사가 붙는다.

예 かさをさす。우산을 쓰다.　　　　ふろにはいる。목욕을 하다

7「外出しないで部屋にいる」

두 개의 동사를「て」로 잇는 경우에, 앞에 동사가 부정꼴이면「食べないで行く(먹지 않고 간다)」처럼「ないで」로 된다. 이것은「ずに」로 대체할 수 있다.

예 毎朝ごはんを食べないで(食べずに)学校へ行きます。
매일 아침밥을 먹지 않고 학교에 갑니다.
外出しないで(外出せずに)、部屋にいます。외출하지 않고 방에 있습니다.

8「何をしているかはしりません」

조사「か(ㄴ지, ㄴ가)」는 뚜렷이 알 수 없는, 확실하지 않는 심정을 나타낸다.

예 何をしているかはしりません。무엇을 하고 있는지는 모르겠습니다.
となりの部屋にだれかいますか。옆방에 누군가 있습니까?

9「何もしていません」

「何も」는 앞에서도 학습한 것 같이「아무것도」라는 뜻이 된다. 그래서「何もしていません」은「아무것도 하고 있지 않습니다」가 된다.

10「知る」와「分かる」

「知る」「分かる」우리말로 둘 다「알다」이지만,「分かる」는 좀더 이해력이 동반된 지식일 경우에,「知る」는 단순한 지식이나 정보일 경우에 쓰인다.

Column

히노마루
(日の丸)

백색 바탕 한가운데 적색 원을 그려 넣은 히노마루는 일본신화 속에 등장하는 최고의 신 아마테라스 오오미카미(天照大神)가 시사하듯 일종의 태양을 상징하는 일본의 국기(国旗)로, 이는 1870년 명치(明治)정부에 의해 정식으로 정해진 것이다. 그러나 히노마루는 본디 그 문양과 색깔에 다소의 차이는 있었으나 일본 중세의 전국(戦国)시대에는 전장에서 쓰이던 깃발에도 빈번히 사용되었고, 에도(江戸)시대(1600~1868) 토쿠가와(徳川)막부는 히노마루를 더욱더 중용하여 최고의 권력자인 쇼군(将軍)이 승선한 배에는 물론, 세금으로 거둬들인 쌀을 운반하는 운송선에도 그 장식을 의무화하는 등, 일종의 막부의 표식으로 상용되었다. 또한 서구의 배가 일본 근해에 출몰할 때에는 그 방어책으로 일본 배와 식별하기 위해 사용되기도 했는데, 이 히노마루가 민간에까지 널리 보급된 것은 대체적으로 청일전쟁 전후, 즉 19세기 후반으로 인식되고 있다.

한편 오늘날 히노마루는 일본인의 일상 생활양식에도 이용되어, 이를테면 흰 쌀밥 한가운데 일종의 매실 장아찌라 할 수 있는 우메보시(梅干し)를 올려놓은 히노마루 도시락이나 혹은 아무런 문양 없이 부채 중심에 적색 원을 그려 넣은 히노마루 부채 등이 바로 그것이다.

13 黒いスーツをきています。

文型 1. わたしはズボンをはいています。저는 바지를 입고 있습니다.

1 朴さんはネクタイをせずに、灰色のズボンに青色のうわぎをきています。くつは黒いのをはいています。
木下さんは茶色のスーツにこい緑色のネクタイをしめています。くつも茶色です。そして、メガネをかけています。
女性の本田さんは赤いセーターをきて、うすい黄色のスカートをはき、白いくつをはいています。うわぎはきていません。そして、みどりのぼうしをかぶって、黒いハンドバッグをもっています。

2 朴さんは何をきていますか。

— 青いうわぎに灰色のズボンをはいています。

木下さんはどんなふくそうをしていますか。

— 茶色のスーツに緑色のネクタイです。

本田さんはどうですか。

— 本田さんは女性ですから、スカートをはいています。黄色のスカートです。それに赤いセーターをきています。

ぼうしはかぶっていませんか。

— あ、そうそう、みどりのぼうしをかぶっています。そして黒いハンドバッグももっています。

メガネをかけている人はだれですか。

— 木下さんがメガネをかけています。

コートをきている人もいますか。

— コートはだれもきていません。

みんな何色の靴をはいていますか。

— 木下さんは茶色で、本田さんは白、朴さんは黒いくつです。

うわぎの色はどうですか。

— 朴さんは青色、木下さんは茶色、本田さんはきていません。

3 あそこにいる人はだれですか。

— あの方ですか。あの方は先生の奥さんです。

何をきていますか。

— 赤っぽいきものをきて、黄色いおびをしめ、そして、くつでなく白いぞうりをはいています。

새로운 단어

◆ 명사

スーツ 정장, 남자양복, 여성복의 웃옷과 스커트 한 벌

上着(うわぎ) 상의, 겉옷

灰色(はいいろ) 회색

メガネ・眼鏡(めがね) 안경

セーター 스웨터

スカート 스커트

服装(ふくそう) 복장

着物(きもの) 일본 고유옷, 기모노

帯(おび)「きもの」를 입을 때 사용하는 허리띠

ズボン 바지

ネクタイ 넥타이

靴(くつ) 신발

女性(じょせい) 여성

帽子(ぼうし) 모자

ハンドバッグ 핸드백

コート 코트, 외투

奥(おく)さん 사모님,부인

草履(ぞうり) 일본고유신발

◆ 동사

着(き)る 입다

締(し)める 매다

かぶる (모자를) 쓰다

履(は)く 신다, 입다

かける (안경을) 쓰다

◆ 형용사

濃(こ)い 진하다, 짙다

薄(うす)い 얇다, 엷다

학습요점

1 「동사」의 연용형+て+いる

		일본어	한국어
상태동사	「～ている」를 붙일 수 없음	ある(있다), できる(할 수 있다)	(x)～ 고 있다 (x)～ 아 / 어 있다, ～ 았다 / 었다
계속동사	「～ている」를 붙이면 진행을 나타낸다.	読む(읽다), 書く(쓰다), 乗る(타다), 歌う(노래하다), きく(듣다), 買う(사다) 笑う(웃다), 洗う(씻다) 등	
		착용에 관한 동작: 着る(입다) めがねをかける(쓰다) ぬぐ(벗다) 등	(O)～ 고 있다 (x)～ 아 / 어 있다, ～ 았다 / 었다
순간동사	「～ている」를 붙이면 동작 · 작용 · 결과의 상태를나타낸다.	추이에 관한 동작: 行く(가다) 来る(오다) 入る(들어가다) 등	(x)～ 고 있다 (O)～ 아 / 어 있다, ～ 았다 / 었다
		死ぬ(죽다), 残る(남다), 立つ(일어서다), 座る(앉다), やむ(그치다), 付く(붙다) ぬれる(젖다) 등	
		結婚する(결혼하다), けがする(다치다), とける(녹다), 終わる(끝나다) 似る(닮다), ふとる(살이 찌다) 등	(x)～ 고 있다 (x)～ 아 / 어 있다, ～ 았다 / 었다 (O)～ 아 / 어 있다, ～ 았다 / 었다

일본어 「V(て형)ている」에 해당하는 한국어는 「V고 있다」 「V이 있다」 또 「V있다」가 있으며 위의 표와 같이 분류할 수 있다.

① 상태동사

상태를 나타내고 「〜ている」를 붙일 수 없는 동사

② 계속동사

「〜ている」를 붙이면 진행을 나타내는 것으로 한국어로는 「〜고 있다」라고 번역할 수 있는 동사에 해당한다고 할 수 있다. 이와 같은 것은 이미 12과에서 익혔다.

예 今(いま)、本(ほん)を読んでいます。

③ 순간동사

이 동사군에 「〜ている」를 붙이면 어떤 동작, 작용이 완료한 뒤의 결과나 상태를 나타낸다(이 동사에는 한국어로 「〜고 있다」의 형식이 없으며 동작의 진행을 나타내기 위해서는 시간 관계를 표시하는 부사같은 것을 덧붙여서 표시해야만 한다).

예 あそこに女(おんな)の子(こ)が立っています。 저기에 여자가 서 있습니다.

さらにケーキがひときれ残っている。 접시에 케이크 한 조각이 남아 있다.

그러나 여기서 주의해야 할 점은 한국어로 「〜고 있다」도 「〜아/어 있다」도 붙일 수 없고 「〜았다 / 었다」만 붙이면 결과나 상태를 나타낼 수 있는 동사군이 있다는 점이다.

표의 마지막에 속해 있는 「결혼하다」 이하의 동사군이 바로 그 동사이다.

이 동사군에 해당하는 일본어 동사에는 「〜ている」를 붙일 수가 있고 붙이는 것이 보통이다.

예 田中(たなか)さんは結婚しています。 다나카 씨는 결혼했습니다.

李(イ)さんは手(て)にけがをしている。 이 씨는 손을 다쳤다.

착용에 관한 동작

이 동사군은 「〜ている」를 붙여서 동작, 작용의 진행을 나타낼 수도 있고 결과나 상태를 나타낼 수도 있다.

예 青(あお)いシャツを着ています。 파란 셔츠를 입고 있습니다.

이 문장은 지금 와이셔츠를 입고 있는 중이라는 진행도 나타내고, 셔츠를 입은 상태를 계속 유지하는 것으로 생각할 수도 있다.

이동에 관한 동작

이 동사군은 「〜ている」를 붙이면 보통 동작 작용의 결과나 상태를 나타내는데, 경우에 따라서는 진행을 나타낼 수도 있다.

예 金(キム)さんは今、私(わたし)の部屋(へや)に来(き)ています。 김 씨는 지금 저의 방에 와 있습니다.

2「きる」와「はく」

일본어에서는 허리를 중심으로 위는「きる」아래는「はく」를 사용한다.

セーター うわぎ シャツ ようふく	を きる	ズボン スカート くつ くつした	を はく

3「こい 緑色(みどりいろ)」

「こい・うすい」는 색깔이 짙고 엷음을 표현할 때 사용한다.

예 こい赤色(あかいろ) 짙은 빨간 색
　 うすい黄色(きいろ) 엷은 노란 색

4「赤(あか)っぽい」

「〜ぽい」는 (~하는) 경향이 많을 때 사용한다.「赤(あか)っぽい」는 완전히 빨간 색은 아니지만 대충 빨간색이, 아니면 전체로서 빨간 색이 강할 때 쓰일 수 있는 말이다. 이것은 동사에도 사용할 수 있다.

예 わすれっぽい。잘 잊어버리다.

5「ネクタイをせずに」

「せず」의「ず」는 부정을 나타내는 고어의 조동사이다.「せずに」=「しないで」이고,「넥타이를 하지 않고」라는 뜻이다.

Column

가부키
(歌舞伎)

가부키는 노(能), 교겐(狂言), 분라쿠(文楽)와 더불어 일본에서 오랜 역사를 가진 전통예능 중의 하나로 무용과 대사, 그리고 음악의 조화 속에서 이루어진 종합예술이다. 이 가부키는 본디 에도(江戸)시대(1600~1868) 초기 일종의 염불춤을 오락화한 오쿠니(阿国)가부키가 그 기원으로, 이후에는 여자나 소년들만에 의한 가부키 시대가 있었으나 모두 풍기문란으로 폐지되고 오늘날에는 모두 남자들만에 의해 이루어지고 있다.

가부키의 내용은 크게 당시 서민의 세태를 반영하여 특히 유곽의 모습을 그린 일종의 서민극과 역사상의 사건에 취재하여 각색한 시대극, 그리고 표정연기나 춤이 주를 이루는 무용극으로 대별할 수가 있다. 무대 장치는 여러 가지가 있으나, 특히 가부키 작자 나미키 쇼조(並木正三, 1730~73)에 의해 창안된 회전무대는 오늘날 중국요리집의 회전 테이블 고안에 많은 영향을 끼친 것으로 알려져 있다.

아울러 오늘날 우리가 가장 자신 있는 예능을 일컬어 십팔번이라 하는데, 이는 본디 가부키 배우 이치카와 단쥬로(市川団十郎, 1791~1859)가 제정한 가부키 오하코(十八番)에서 비롯된 것이다.

14 まどはあけてありますか。

文型 1. 黒板にかいてあります。칠판에 적혀져 있습니다.

1

先生　黒板に何か書いてありますか。

学生　はい、書いてあります。

先生　何と書いてありますか。

学生　日本語で大きく「今日の授業は休講」と書いてあります。

先生　だれがこんないたずら書きをしましたか。

学生　私が教室にくる前からかいてありました。

先生　では、これはけします。今日は「～てあります」をべんきょうします。

これは他動詞について状態をあらわす言葉です。

かべに何かはってありますか。

学生　はい、はってあります。

先生　何がはってありますか。

学生　地図がはってあります。

先生　あそこに何がかかっていますか。

学生　カレンダーがかけてあります。

先生　窓はあいていますか。

学生　いいえ、あいていません。しめてあります。

先生　カーテンもしめてありますか。

学生　いいえ、カーテンはしめてありません。

あけてあります。

先生　電気はついていますか。

学生　電気はつけてあります。

先生　明るいので、電気はけしてください。

（学生は電気をけす）

先生　電気はつけてありますか。

学生　いいえ、電気はつけてありません。けしてあります。

先生　つくえの上に何かおいてありますか。

学生　はい、おいてあります。

先生　何がおいてありますか。

学生　ラジカセがおいてあります。

先生　ラジカセの外に何かおいてありますか。

学生　何もありません。

先生　地図はどこにありますか。

学生　地図は壁にはってあります。

先生　カレンダーはどこにありますか。

学生　カレンダーも壁にかけてあります。

새로운 단어

◆ 명사

電気(でんき) 전기

休講(きゅうこう) 휴강

いたずら 장난

地図(ちず) 지도

カレンダー 달력

カーテン 커튼

ラジカセ 라디오 카세트

◆ 동사

(地図(ちず)を)はる 붙이다

(カレンダーを)かける 걸다

開(あ)ける 열다

開(あ)く 열리다

(電気(でんき)を)つける 켜다

(電気(でんき)が)つく 켜지다

(まどを)閉(し)める 닫다

(まどが)閉(し)まる 닫히다

あらわす 표현하다

おく 두다, 놓다

◆ 형용사

明(あか)るい 밝다

학습요점

1 타동사와 자동사

「本を買う(책을 사다)」와 같이 「무엇을」이라고 하는 「동작 · 작용」을 받는 말인 「목적어」를 필요로 하는 동사를 타동사라고 한다. 자동사는 「花が咲く(꽃이 피다)」와 같이 목적어를 필요로 하지 않으며 그 자체의 「동작 · 작용」으로써 진술하는 동사이다. 단, 타동사의 경우는 「本が買われる(책이 사지게 된다)」와 같이 목적어를 주어로 하는 「수동태 문장」으로 바꿀 수 있지만 자동사는 바꿀 수 없다.

타동사	자동사
まどをあける。창문을 열다.	まどがあく。창문이 열리다.
まどをしめる。창문을 닫다.	まどがしまる。창문이 닫히다.
電気をつける。전기를 켜다.	電気がつく。전기가 켜지다.

2 「書いてある」

「V(연용형)てある」는 제 13 과에서 익힌 바 있는 「V(연용형)ている」와는 다른 동사의 모습을 나타낸다. 「V(연용형)ている」가 동작 · 작용의 진행과 결과 상태를 나타내는 데 비해서 「V(연용형)てある」는 의도된 행동이 결과로서 남아 있는 상태를 나타낸다.

즉, 말하는 사람은 그 동작의 한 주체를 의식하고 있다. 그러므로 「V(연용형)てある」 는 주로 타동사에 접속하고 「雨が降る」「風がふく」 등과 같은 주격에 의지가 들어갈 수 있는 동사에는 접속하지 않는다. 그 용법은 크게 나누어서 다음과 같은 두 가지가 있다.

1. 조치에 관한 동작

A : こんどの休みに旅行にでも行きませんか。이번 휴가에 여행이라도 가지 않겠습니까?

B : ええ、いいですね。それじゃ汽車の切符を買っておきましょう。
예, (그거) 좋겠군요. 그러면 차표를 사 둡시다.

A : もう買ってありますよ。벌써 사 두었습니다.

한국어에서는 「V어 두다 / 놓다」 로, 미리 어떤 조치를 해 놓다는 뜻도 되고, 벌써 어떤 조치를 해 두었다는 뜻으로도 쓸 수 있는 데 비해서 일본어에서는 벌써 해 두었다는 결과나 상태를 나타낼 경우에는 아래 예문과 같이 「V(て형)てある」를 쓸 수 있다.

예 茶わんを洗っておく。그릇을 씻어 놓다.
茶わんはもう洗ってあります。그릇은 벌써 씻어 놓았습니다.

申込書を出しておく。신청서를 제출해 놓다.

申込書はもう出してあります。신청서는 벌써 제출해 놓았습니다.

2. 설치 · 방치에 관한 동작

어떤 동작에서 그 동작주의 의도는 분명히 드러나 보이지만 동작주는 표면에 나타나지 않고 그대로 그 동작의 결과만 거기에 남아 있는 상태를 말할 때에 쓴다.

예 この本に書いてあります。 이 책에 써 있습니다.

洋服はハンガーにかけてあります。 양복은 옷걸이에 걸려 있습니다.

3 「～ています」와 「～てあります」

	진행 · 계속	상 태
타동사	～ている	～てある
자동사	～ている	～ている

Column

마쓰리
(祭)

일본에서도 마쓰리(祭)는 서양과 같이 페스티발 · 카니발화되고 있지만, 본래 일본의 마쓰리는 종교적 색채가 강하고, 가미(神)를 맞이하며, 지역공동체를 지키는 것으로써 존재해 왔다.

마쓰리란 신령(神靈)을 초대하고 맞이하여, 공물(供物)이나 가무(歌舞)를 바쳐 환대(歓待) · 향응(響応)을 한 다음, 기원(祈願) · 위무(慰撫)를 하는 것이다. 원의(原義)는, 볼 수 없는 신령(神靈)이 나타나는 것을 기다리는 것으로, 나타난 신령에게 「마쓰라후」 즉 봉사하는 것을 말하는데, 이것은 곧 신령의 뜻에 따르고 복종하는 의미를 지닌다. 또한 마쓰리란, 「마쓰루(奉る)」라고 하는 동사(動詞)에서 생겨난 말이라고도 한다.

민속학자(民俗学者)인 오리구치 시노부(折口信夫, 1887~1953)씨는, 「마쓰루」라고 하는 말에 복종의 의미가 있다고 한다. 바꿔 말하면, 힘을 갖는 자가 명령하고, 그것에 따라 실행하는 것이라고 말할 수 있다.

15 あいさつ

1 朝のあいさつは「おはよう」です。けれども、目上の人には「おはようございます」と、ていねいにあいさつをしましょう。午前中でもあまり遅くなると「おはよう」は使えません。なぜなら、「おはよう」は「お早う」で、つまり「早い」という意味です。ですから、遅くなると使えません。

昼のあいさつは「こんにちは」です。しかし、これは身内の人には使わない言葉です。会社の上司や同僚も身内と考え、やはり使うことができません。
午前中でも、日が高くなったら「こんにちは」といってあいさつします。そして夕方、日が沈むころまで「こんにちは」とあいさつします。

夕方暗くなるころから、「こんばんは」といってあいさつします。これも「こんにちは」とおなじく、身内のひとには使えません。
夜寝る時には「おやすみ」といいます。しかし、目上の人には「おやすみなさい(ませ)」まで言わなければなりません。

このほか、日常生活に使うあいさつはいろいろあります。
食事をする前には「いただきます」といって食べはじめます。食事がおわったら、「ごちそうさま」といいます。
外出する時は「いってきます」と言い、帰宅した時は、「ただいま」と言います。また、見送る人は「いってらっしゃい」といい、出迎える時には「おかえりなさい」と言えばいいです。
よその家を訪問した時は「ごめんください」と言い、お客さんが来た時は「いらっしゃい」と言えばいいです。また、よその家から帰る時には「どうもおじゃましました」とあいさつすればいいです。お客さんが帰る時は「どうぞまたおこしください」といえばいいです。そして、おめでたいことがある時は「おめでとうございます」と言ってお祝いしましょう。

새로운 단어

◆ 명사

挨拶(あいさつ) 인사

目上(めうえ) 윗사람

ですから 그러니까

上司(じょうし) 상사

やはり 역시

夜(よる) 밤

生活(せいかつ) 생활

よそ 딴 곳

邪魔(じゃま) 방해

けれども 그러나

意味(いみ) 의미

祝(いわい) 축하

同僚(どうりょう) 동료

日(ひ) 날

日常(にちじょう) 일상

帰宅(きたく) 귀가

訪問(ほうもん) 방문

身内(みうち) 식구나 친척같이 살고 있는 사람

◆ 동사

沈(しず)む 지다

～はじめる ～하기 시작하다

出迎(でむか)える 마중하다

使(つか)う 쓰다

見送(みおく)る 배웅하다

◆ 형용사

遅(おそ)い 늦다, 느리다

速(はや)い 빠르다, 이르다

暗(くら)い 어둡다

◆ 형용동사

ていねいだ 정중하다

학습요점

1 인사말

いただきます。　잘 먹겠습니다.
ごちそうさま。　잘 먹었습니다.
いってきます。　다녀오겠습니다.
いっていらっしゃい。　다녀오세요.
ただいま。　다녀왔습니다.
おかえりなさい。　다녀오셨어요.
いらっしゃい。　어서 오세요.
ごめんください。　실례하겠습니다.
おじゃましました。　폐를 끼쳤습니다.
またおこしください。　또 오세요.
おめでとうございます。　축하합니다.

2「おそくなる」

형용사 연용형(く형)「なる」가 이어지면「~진다」가 된다.

おそい + なる → おそくなる　늦어진다
はやい + なる → はやくなる　빨라진다

3 동사 연용형 + はじまる

よむ + はじめる → よみはじめる　읽기 시작하다.
あるく + はじめる → あるきはじめる　걷기 시작하다.
たべる + はじめる → たべはじめる　먹기 시작하다.

4「言(い)わなければならない」

동사의 미연형에「なければならない」가 붙어서「~ 해야 한다」라는 뜻을 나타낸다.

5「おわったら」

「おわったら」의「たら」는 과거를 나타내는 조동사「た」의 가정형이고, 그 뜻은「끝났으면, 끝나면」이 된다.

6「~あげます」

「あげる」는「드리다」라는 뜻이고, 동사의 연용형에 붙어서「~드리다」가 된다.

7 형용사의 음편

형용사의 연용형「—く」에「ございます」(「있다」의 정중한 말),「存(ぞん)じます」(「알다, 생각하다」의 정중한 말)가 이어질 때「—く」가「—う」로 변하는 것을 형용사 음편 또는「う」음편이라고 한다.

형용사 음편에는 다음 세 가지가 있다.

① 어미만 바뀌는 것

어간의 끝 글자가「ウ단」이나「オ단」이면 어미만「う」로 바뀐다.

悪い (わるい) → わるうございます 나쁩니다
ru

暑い (あつい) → あつうございます 덥습니다
tu

強い (つよい) → つようございます 셉니다
yo

② 어간의 일부가 바뀌는 것

어간의 끝 글자가「ア단」이면 어간은「オ단」으로 바뀌고「う」가 붙는다.

はやい → はようございます 빠릅니다
ya yo+u

おめでたい → おめでとうございます 축하합니다
ta to+u

ありがたい → ありがとうございます 감사합니다
ta to+u

③ 어간의 일부와 함께 요음(拗音)이 되는 것

어간의 끝 글자가 「イ단」이면 요음 「ゅ」를 넣고 「う」를 붙인다.

おおきい → おおきゅうございます 큽니다
ki kyu

うれしい → うれしゅうございます 기쁩니다
shi shyu

たのしい → たのしゅうございます 즐겁습니다
shi shyu

8「～という意味(いみ)です」

이것을 그대로 해석하면 「～라고 하는 의미입니다」가 된다. 그러므로 이것은 「～라는 의미입니다」로 하면 된다.

Column

기모노
(きもの:일본 고유옷)

현재 일본인은 일상적으로 대부분 양복(洋服)을 입고 생활하고 있지만 전통적인 일본 고유의 옷도 정장으로써, 특히 여성이 입는 기모노(着物)는 외국에서도 잘 알려진 아름다운 의상이다. 이 중에서 제일 호화스러운 것은 결혼식 때 신부가 입는 우치카케(打掛け)이다. 이것은 비단 천에 금은박을 넣고 금사 은사로 많은 화조(花鳥)의 수를 놓은 것이다.

이 밖에 미혼녀와 기혼녀와는 기모노의 모양과 색조가 다르고, 정식으로 방문할 때의 옷과 그냥 다니러 갈 때의 옷과는 천 · 모양 · 색조 · 재봉법 등이 다르다. 일반 여성이 기모노를 입는 날은 설날 · 성인식(成人式) · 대학 졸업식 · 대학 졸업파티 · 결혼식 때이다.

양복은 체형에 맞춰 만드는데 반해서 기모노는 체형에 비해 여유가 있어 입을 때 몸에 맞춘다. 그 때문에 입기가 어렵고 일상적으로 양복 생활을 하는 요즈음의 젊은 여성 대부분은 자신이 혼자서 기모노를 입을 수가 없다.

16 家族の紹介

1 わたしの家族は祖父と祖母、父と母、兄と姉、私そして弟と妹の、九人の大家族です。

祖父はもと公務員で、趣味はごをうつことです。毎日近所のおじいさんとごをうっています。祖母の趣味はいけばなで、近所の人をおしえています。祖父は72歳で、祖母は69歳です。まだまだ元気です。

父は大学の先生で、現在、交換教授として日本にいっています。母は料理が上手で、毎朝わたしたちにおいしい料理をつくってくれます。兄は会社員ですが、昨年大学を出たばかりですから、サラリーマンとしての生活はまだ一年ぐらいです。兄は山登りがすきで、休みの日にはいつも行きます。わたしもときどきついて行きますが、空気がよくてほんとうにきもちがいいです。

姉は二年前によめに行きましたが、それまでは看護婦をしていました。音楽がとても好きで、ピアノも歌もとても上手です。

わたしは高校三年生、妹は中学三年生です。それぞれ大学入試と高校入試のため、すきなテレビも見ずにいっしょうけんめい勉強をしています。わたしは日本文化に興味があるので、大学では日本語を専攻しようと思っています。弟はスポーツがすきで、学校では野球のせんしゅです。ポジションはピッチャーです。試合のあるときはいつも家族全員でおうえんにいきます。

わたしたちの一家はいつもむつまじく、そして楽しくくらしています。私と妹の試験がおわれば、家族全員で父のいる日本に旅行するけいかくです。

새로운 단어

◆ 명사

紹介(しょうかい) 소개
公務員(こうむいん) 공무원
生(い)け花(ばな) 꽃꽂이
歳(さい)・才(さい) 살, 세
交換(こうかん) 교환
料理(りょうり) 요리
サラリーマン 샐러리맨
生活(せいかつ) 생활
歌(うた) 노래
中学校(ちゅうがっこう) 중학교
興味(きょうみ) 흥미
野球(やきゅう) 야구
スポーツ 스포츠
ピッチャー 투수
いつも 항상
ときどき 때때로
気持(きもち) 기분
看護婦(かんごふ) 간호사
計画(けいかく) 계획

元(もと) 전(에)
趣味(しゅみ) 취미
近所(きんじょ) 근처
現在(げんざい) 현재
教授(きょうじゅ) 교수
出(で)たばかり 막 나오다
ピアノ 피아노
山登(やまのぼ)り 등산
高校(こうこう) 고등학교
文化(ぶんか) 문화
いっしょうけんめい 열심히
専攻(せんこう) 전공
ポジション 포지션
試合(しあい) 시합
全員(ぜんいん) 전원
空気(くうき) 공기
嫁(よめ) 며느리
音楽(おんがく) 음악
本当(ほんとう)に 정말로

◆ 동사

教(おし)える 가르치다
作(つく)る 만들다
旅行(りょこう)する 여행하다

◆ 형용사

むつまじい 화목하다
おいしい 맛있다
楽(たの)しい 즐겁다

◆ 형용동사

元気(げんき)だ 건강하다
上手(じょうず)だ 잘 한다

학습요점

1「~として」

「~として」는 「조사と」+「する의 연용형」+「조사て」의 세 가지가 합쳐져서 우리말로 「(~으)로서」라는 뜻이 되고, 자격을 나타낸다.

예 交換教授として、日本へ行った。교환교수로서 일본으로 갔다.

2「ついて行きます」

이 경우 「ついて」는 「따라」라는 뜻이 되어, 「따라 갑니다」라는 뜻이다.

3「ピアノが上手だ」

「上手だ」는 우리말로 「잘 한다」라는 뜻이고, 그 목적어에 대해서는 「を」가 아니라 「が」를 사용한다. 「上手だ」의 반대말 「下手だ(잘 못한다)」도 역시 목적어에 「を」가 아니라 「が」를 사용한다.

○ ピアノが上手だ。피아노를 잘 한다.
× ピアノを上手だ。
○ ピアノが下手だ。피아노를 잘 못한다.
× ピアを下手だ。

あなたがすきだ。당신을 좋아한다.
あなたがきらいだ。당신을 싫어한다.

ピアノができる。피아노를 할 수 있다.
ピアノがほしい。피아노를 갖고 싶다.
ピアノの練習がしたい。피아노 연습을 하고 싶다.

이상 「上手だ」「下手だ」「すきだ」「きらいだ」「できる」「~ほしい」「~たい」는 목적어를 받을 때 「を」가 아니라 「が」로 받는다. 단, 요즘은 「が」 대신에 「を」를 사용하는 경우가 많다.

4「ごをうつ」

어떤 명사에는 정해져 있는 동사가 있다.

ごをうつ。바둑을 두다

しょうぎをさす。장기를 두다

はなをいける。꽃꽂이를 하다

5 음악

オルガン	오르간	ふえ	피리
ピアノ	피아노	おんぷ	음표
ハーモニカ	하모니카	がくふ	악보
もっきん	목금	しきしゃ	지휘자
たいこ	북	オーケストラ	오케스트라
アコーディオン	아코디온	どくしょう	독창
カスタネット	캐스타네츠	がっしょう	합창
バイオリン	바이올린	かしゅ	가수

6 일본 요리

てんぷら	튀김	すましじる	맑은 장국
さしみ	생선회	ごはん	밥
すし	초밥	そば	모밀국수
やくみ	양념	うどん	우동
にざかな	생선찜	うなぎのかばやき	장어구이
やきざかな	생선구이	やきとり	꼬챙이구이
すきやき	전골	どんぶり	덮밥
やさいのにつけ	야채조림	かまぼこ	어묵
みそしる	된장국	おにぎり	주먹밥

Column

무사도
(武士道)

무사도(武士道)는 가마쿠라(鎌倉) 시대부터 발달하여 에도(江戶)시대에 유교적인 사상에 힘입어 대성(大成)한 무사계급층의 도덕체계이다. 충성 · 희생 · 신의 · 염치(連恥) · 예의 · 결백 · 검소 · 검약 · 상무(尙武) · 명예 · 정애(情愛) 등을 중시한다.

무사가 지배계급이 되기 전, 즉 싸움만을 직업으로 하던 시대에는 죽음을 찬양하는 생각이 커다란 비중을 차지하였다. 이는 평화스런 에도(江戶) 시대에도 남아 「무사도란 죽는 것이다」란 사상이 강조되었는데, 이는 일본 무사도의 중요한 사상이다.

무사도 정신의 특징의 하나는 상무(尙武) · 명예이다. 즉 상대방을 이기는 것이다. 이긴다는 것은 단지 힘만으로 적을 제압하는 것은 아니다. 자기 자신을 이겨야만 적을 이길 수 있다는 정신적인 구조의 연마(練磨)도 포함되어 있다. 강함은 자기 자신을 이길 때 형성되는 것으로 이는 적을 정신적으로 제압하여 적의 기가 한번에 꺾이도록 하는 정신적인 강함을 표현하는 것의 하나로 예의가 중시되었다.

유럽의 기사도는 그리스도교 영향을 받고 발달해서 용기 · 경신(敬神) · 예절 · 염치 · 명예 · 응양(鷹揚:매가 하늘을 날 듯 의젓이 무용을 떨치는 것) 등의 덕(德)을 이상으로 하고 있다. 기사도는 이처럼 무사도와 많은 점에서 공통점을 갖지만, 주종관계(主從関係)가 계약적 성질을 갖고 있기 때문에 이 점이 무사도의 절대적인 충성을 중시하는 것과 다르다.

3 부록

1 助詞の使い方
2 助動詞の使い方
3 動詞活用表
4 形容詞活用表
5 形容動詞活用表
6 助動詞活用表
7 본문해석

1 助詞の使い方

格助詞

語	意味・動き	例　文	接続
が	主語	本がある。だれがいますか。	体言、用言、助動詞（連体形）
	対象	山が好きだ。日本語ができる。	
の	所有	わたしのへや。あなたのつくえ。	
	所在	つくえの上。げんかんのそば。	
	所属	小学校の先生。会社の社員。	
	主語	発音の正しくない部分。	
	同格	友だちの金君。	
	準体語	赤いのと黒いのをください。	
を	対象	ノートを買う。ご飯を食べる。	体言、準体助動詞「の」
	経過場所	山を越える。道を歩いて行く。	
	経過時間	来年を待つ。一日を山で過ごす。	
	起点	家を出る。ソウルをはなれる。	
	方向	こちらをごらんなさい。	
に	場所	へやにいる。海に行く。	体言、用言、助動詞（連用形、連体形）、助詞（の）
	時間	六時に起きる。日曜日に帰った。	
	帰着点	空港に着く。学校に着く。	
	動作の相手	先生に質問する。彼に頼んだ。	
	結果	冬休みになる。大学生になった。	
	目的	スキーに行く。遊びに来る。	
	対象（受身・使役）	犬にかまれる。妹に本を読ませる。	
	状態・基準	早めに行く。バスに比べて安全だ。	
へ	方向	どこへ行くか。船は北へ進んだ。	体言、助詞「の」
	帰着点	うちへ帰る。学校へ着いた。	
	相手	友達へ手紙を出す。父へ渡した。	
と	共同相手	友達といっしょに川へ行った。	
	比較基準	山と海とどちらが好きですか。	
	対象	きつねと会った。彼と争った。	
	並列	くつとかさ。ふろばとトイレ。	
	引用	はい、と答えた。何と言いますか。	
	結果	はぎ焼きの基礎となった。	

語	意味・動き	例　文	接続
から	起点 原因・理由 材料 相手(受身)	昼から夜まで。うちから学校まで。 無理から起こった病気だ。 手紙文は四つの部分から成り立つ。 静江さんからいただいた。	体言、接続、助詞(て(で))、助詞(の)
より	比較基準 起点 限定	山より海が好きだ。水より重い。 九時より始まる。東京より帰る。 勉強するよりほかはない。	体言、用言、助動詞(連体形)、助詞(の)
で	場所 手段・材料 原因・理由 時間	店で買う。うちで勉強する。 タクシーで行く。牛乳で作る。 野球の練習で汗にぬれる。 来年で卒業する。五分でできる。	体言・副助詞(だけ・ほど)、助詞(の)
や	並列	ピアノやテレビ。犬やねこ。	体言、助詞(の)

接続助詞

語	意味・動き	例　文	接続
ば	仮定の順接 確定の順接 並列	雨がやめば、でかけよう。 春になれば、花がさく。 野球もやれば、テニスもやる。	用言・助動詞(仮定形)
と	仮定の順接 確定の順接 仮定の逆接	急がないと、学校におくれる。 春になると、花がさく。 だれが笑おうと、かまわない。	用言・助動詞(終止形)
ても(でも)	仮定の逆接 確定の逆接	たとえしくじっても、かまわない。 いくら呼んでも、答えがなかった	用言・助動詞(連用形)
けれど(も)	確定の逆接 単純接続 並列・対比	雨が降るけれども、出発するよ。 私も会ったけれども、いい人だ。 色もいいけれど、においもいい。	用言・助動詞(終止形)
が	確定の逆接 単純接続 並列・対比	紙はあるが、ペンがない。 僕も見たが、おもしろかった。 花もさくが、鳥も鳴く。	
のに	確定の逆接	おそいのに、急がない。	用言・助動詞(連体形)

語	意味・動き	例　文	接続
ので	原因・理由	りょこうにいけないので、残念だ。	
から	原因・理由	何も知らないから、だまっていた。	用言・助動詞（終止形）
し	並列	頭もいいし、体も丈夫だ。	
て(で)	並列 原因・理由 単純接続 補助語接続	海は広くて大きい。 かぜを引いて、学校を休んでいる。 歯をみがいて、顔を洗った。 本を読んでいる。鳥が飛んで行く。	用言・助動詞（連用形）
ながら	同時の動作 確定の逆接	泣きながらにげて行った。 本を読ませながらなおしてやる。 残念ながら相談する機会がない。 体は大きいながら力が弱い。	動詞・助動詞（連用形）、形容詞・助動詞（終止形）、体言、形動（語幹）
たり（だり）	並列 例示	山へ登ったり、海で遊んだりする。 山で火事を起こしたりするな。	用言・助動詞（連用形）
ところが	確定の順接 確定の逆接	走ったところが、間に合った。 勝てると思ったところが、負けた。	助動詞（た）の連体形

副助詞

語	意味・動き	例　文	接続
は	題目・主題・ 強調・くり返し・ 対照	花は美しい。地球はまるい。 僕は泣きはしない。近くはない。 公園へ行っては遊ぶ。 兄は大学生で、弟は中学生だ。	体言・その他の語、用言・助動詞（連用形）
も	同類 強調 並列	これもペンだ。私も行きます。 いちごは五こもあります。 みかんもなしもあります。	
こそ	強調	今度こそ実力を見せてやるぞ。	
さえ	類推 限定 添加	学者でさえ解けない問題。 うまく使いさえすればいい。 寒いのに、風さえふいている。	
でも	類推 大体の例示	名人でもしくじることがある。 何かおことづてでもありますか。	
しか	限定	五つしかない。一年しかたってない。 駅までは歩くしか方法はない。 短くしか切れない。	体言・その他、動詞・助動詞（連体形）、形・形動（連用形）

語	意味・動き	例　文	接続
まで	限度・終点 添加 類推・強調	夜まで雨でした。駅まで歩いた。 中国語まで習うのは無理だ。 弟まで来た。子供にまで笑われる。	体言、その他の語、用言・助動詞(連体形)
ばかり	限定の強調 程度 動作直後	テレビばかり見て勉強しない。 2時間ばかりかかります。 いま空港に着いたばかりです。	
だけ	限定の強調 程度	僕だけ知っている。一日だけ休む。 できるだけがんばってください。	
ほど	程度 状態の程度 程度に比例	十分ほどかかる。十日ほど休む。 彼ほどうまい人は少ない。 使えば使うほど上手になる。	
くらい(ぐらい)	程度 例示 軽く見なす	深さは1メートルくらいです。 できないのはあなたくらいです。 自分の考えくらい述べられる。	
きり	限定の強調 限定の否定	二人きりで話をする。 家を出たきり、まだ帰らない。	
など	例示 軽く見なす 否定を強調	じしょやざっしなどがある。 弟などにはできないことだ。 決して泣くなどはしません。	体言、その他の語、用言・助動詞(終止形)
か	不確実 選択・並例	へやにだれかいますか。 のるかそるかの問題だ。	
ずつ	量・程度	一人ずつ入る。少しずつなおる。	体言、その他の語

終助詞

語	意味・動き	例　文	接続
か	質問 疑問 反問・反語 勧誘 感動 依頼	これは何ですか。もう帰りますか。 あしたは晴れるだろうか。 えっ、彼か。彼は来るもんか。 いっしょに行きませんか。 どんなにつらかったことか。 少し手伝ってくれませんか。	体言・その他の語、動詞・形容詞・助 動詞(終止形)・形動(語幹)
かしら	疑問	私も大学へ入れるかしら。	
な	禁止 命令	怒るな、怒るな。女は行かせるな。 もう帰りな。早く来なさいな。	動詞・助動詞の一部(終止形)

語	意味・動き	例　文	接続
な（なあ）	感動 願望 同意・承伏	きょうはいい天気だなあ。 眠たいなあ。パンがほしいなあ。 みな賛成だな。君がこわしたな。	用言・助動詞（終止形）、助詞
ぞ	強調 ひとりごと	僕も行くぞ。きっと大学へ入るぞ。 どうも変だぞ。何かおかしいぞ。	用言・助動詞（終止形）
とも	強調	もちろんだとも。大丈夫ですとも。	
の	質問 軽い断定 なじる	なぜおくれたの。何をさせたの。 ここがいいの。わたし、そう思うの。 5時までに帰ると言ったじゃないの。	用言・助動詞（連体形）
わ	感動 軽い主張	大変だったわ。まあ、きれいだわ。 美子がおそいわ。私も行きますわ。	用言・助動詞（終止形）
よ	感動 勧誘 軽い主張	このすき焼きはとてもおいしいよ。 そろそろおいとまいたしましょうよ。 もうすぐよ。安いのもありますよ。	体言・その他の語、用言・助動詞（終止形・命令形）
ね	感動 質問 同意・承伏	高いですね。とても暑いですね。 金君、君も参加するかね。 来月は8月ですね。君も行くね。	いろいろな語
さ	軽い断定 強調	川の水はきれいに保つべきさ。 金君がさ、参加すると言ったよ。	

2 助動詞の使い方

語	意味・動き	例文	接続
れる・られる	受身	クラス会が開かれる。 先生にほめられる。	助動詞活用表参照
	可能	僕も5時までは会社に帰れる。 自分の考えをちゃんと述べられる。	
	尊敬	先生が説明されるのを聞いた。 先生もよく知っておられる。	
	自発	いなかの母のことが思われる。 区別がないように感じられる。	
せる・させる	使役	妹をお使いに行かせる。 弟に英語の単語を覚えさせる。	
たい	希望	先生に質問したいです。日本語が習いたい。	
たがる	希望	山本君がソラク山へ行きたがる。	
だ	断定	これは僕の本だ。自然は保護すべきだ。	
そうだ	様態（推定）	所得が増えそうだ。料理がおいしそうだ。 ここは静かそうだ。電車が便利そうだ。	
	伝聞	人が増えるそうだ。料理がおいしいそうだ。 寺は静かだそうだ。電車が便利だそうだ。	
ようだ	たとえ 推定 例示	ソラク山のもみじがもえるように美しい。 この部屋にはだれもいないようだ。 サッカーのようなスポーツが好きだ。	
みたいだ	たとえ 推定 例示	かのじょの顔はりんごみたいに赤い。 金君はどうやら大学へパスしたみたいだ。 今年みたいな暑い夏は初めてです。	
らしい	推定	野球がうまいらしい。体が丈夫らしい。	
う・よう	推量 意志 勧誘	彼はもう行ったろう。たぶん、彼も来よう。 僕も日記を書こう。わたしも勉強しよう。 いっしょに行こう。さあ、出発しよう。	
まい	否定の推量 否定の意志	もう4月だから、寒い日はあるまいと思う。 つまらない本は読むまいと思う。	

語	意味・動き	例　文	接続
ない	否定	本を読まない。勉強しないといけない。	
ぬ(ん)	否定	行かぬということではありません。	
た(だ)	過去 完了 状態の継続	朝は雨だった。きのうはいい天気でした。 今帰りました。勉強は今すんだ。 めがねをかけた人。よごれた手足を洗う。	
ます	丁寧	本があります。学校へ行きましょう。 今食べました。山へ登りませんでした。	
です	断定(丁寧)	これは本です。あしたも暑いでしょうか。 朝は雨でした。音楽会は6時からでした。	

3 動詞活用表

種類	原形	語幹	未然形	連用形	終止形	連体形	仮定形	命令形
五段活用	聞く	き	か・こ	き・い	く	く	け	け
	泳ぐ	およ	が・ご	ぎ・い	ぐ	ぐ	げ	げ
	買う	か	わ・お	い・っ	う	う	え	え
	立つ	た	た・と	ち・っ	つ	つ	て	て
	乗る	の	ら・ろ	り・っ	る	る	れ	れ
	死ぬ	し	な・の	に・ん	ぬ	ぬ	ね	ね
	遊ぶ	あそ	ば・ぼ	び・ん	ぶ	ぶ	べ	べ
	読む	よ	ま・も	み・ん	む	む	め	め
	行く	い	か・こ	き・っ	く	く	け	け
	話す	はな	さ・そ	し	す	す	せ	せ
上一段活用	見る	○	み	み	みる	みる	みれ	みろ(よ)
	いる	○	い	い	いる	いる	いれ	いろ(よ)
	できる	で	き	き	きる	きる	きれ	きろ(よ)
	起きる	お	き	き	きる	きる	きれ	きろ(よ)
	落ちる	お	ち	ち	ちる	ちる	ちれ	ちろ(よ)
下一段活用	出る	○	で	で	でる	でる	でれ	でろ(よ)
	食べる	た	べ	べ	べる	べる	べれ	べろ(よ)
	流れる	なが	れ	れ	れる	れる	れれ	れろ(よ)
	求める	もと	め	め	める	める	めれ	めろ(よ)
	答える	こた	え	え	える	える	えれ	えろ(よ)
カ行変格	来る	○	こ	き	くる	くる	くれ	こい
サ行変格	する	○	し さ せ	し	する	する	すれ	しろ (せよ)
주요한 용법			ない・う・よう	ます・た・て	종결	とき	ば	종결

4 形容詞活用表

原形	語幹	未然形	連用形	終止形	連体形	仮定形
よい 美しい ちかい	よ 美し ちか	かろ	かっ く	い	い	けれ
주요한 용법		う	た・て ない・ なる	종결	とき	ば

5 形容動詞活用表

原形	語幹	未然形	連用形	終止形	連体形	仮定形
静かだ 好きだ 大切だ	静か 好き 大切	だろ	だっ で に	だ	な	なら
주요한 용법		う	た・ ない・ なる	종결	とき	(ば)

6 助動詞活用表

意味	基本形	用例	活用形						接続
			未然	連用	終止	連体	仮定	命令	
受動	れる られる	書かれる 見られる	れ られ	れ られ	れる られる	れる られる	れれ られれ	れろ(よ) られろよ	未然(五段・サ変)
可能 尊敬 自発	れる	行かれる	れ	れ	れる	れる	れれ	○	未然(上一・下一) (カ変)
	られる	感じられる	られ	られ	られる	られる	られれ	○	
使役	せる	書かせる	せ	せ	せる	せる	せれ	せろ(よ)	未然(五段・サ変)
	させる	答えさせる	させ	させ	させる	させる	させれ	させろ させよ	未然(上一・下一 カ変)
希望	たい	覚えたい	たかろ	たかっ たく	たい	たい	たけれ	○	連用
	たがる	行きたがる	たがら たがろ	たがり たがっ	たがる	たがる	たがれ	○	連用
断定	だ	高校だ	だろ	だっ で	だ	(な)	なら	○	体言 助詞「の」
様態	そうだ	降りそうだ	そうだろ	そうだっ そうで そうに	そうな	そうだ	そうなら	○	動詞の連用形 ・形動の語幹
伝聞	そうだ	降るそうだ	○	そうで	そうだ	○	○	○	終止
比喩 推定 例示	みたいだ	夢みたいだ	みたいだろ	みたいだっ みたいで みたいに	みたいだ	みたいな	みたい なら	○	終止(動・形)・ 形動の語幹・体言・ 一部の助詞
	ようだ	降るようだ	ようだろ	ようだっ ようで ように	ようだ	ような	ようなら	○	連体 助詞「の」
推定	らしい	帰るらしい	○	らしかっ らしく	らしい	らしい	らしけれ	○	終止(動・形)・形動の 語幹・体言・一部の助詞
推量 意志 勧誘	う	書こう	○	○	う	(う)	○	○	未然(五段・形・形動)
	よう	あげよう	○	○	よう	(よう)	○	○	未然 (上一・下一・カ変)
意志 推量	まい	書くまい	○	○	まい	(まい)	○	○	終止(五段)、未然(上一 ・下一・カ変・サ変)

意味	基本形	用例	活用形						接続
			未然	連用	終止	連体	仮定	命令	
否定	ない	帰らない	なかろ	なかっ なく	ない	ない	なけれ	○	未然
	ぬ(ん)	帰らぬ	○	ず	ぬ(ん)	ぬ(ん)	ね	○	未然
過去 完了	た	着いた	たろ	○	た	た	たら	○	連用
공손 한 말	です	先生です	でしょ	でし	です	(です)	○	○	体言・助詞・形動の語幹
	ます	集まり ます	ませ ましょ	まし	ます	ます	ますれ	ませ まし	連用

7 본문해석

01 <<

이것은 책입니다.

1

다나카 : 이것은 책입니까?
박 : 네, 그것은 책입니다.
다나카 : 이것도 책입니까?
박 : 아니오, 그것은 책이 아닙니다.
다나카 : 그럼, 이것은 무엇입니까?
박 : 그것은 노트입니다.

야마다 : 연필은 이것입니까?
김 : 네, 연필은 그것입니다.
야마다 : 이것도 그렇습니까?
김 : 아니오, 그렇지 않습니다. 연필은 이것입니다.
그것은 볼펜입니다.

2

스즈키 : 분필은 어느 것입니까?
이 : 분필은 저것입니다.
스즈키 : 만년필은 어느 쪽입니까?
이 : 만년필은 이쪽입니다. 그쪽은 볼펜입니다.

다나카 : 저것은 칠판입니까?
박 : 네, 그렇습니다.
다나카 : 저것도 칠판입니까?
박 : 아니오, 그렇지 않습니다. 창문입니다.
다나카 : 그것도 칠판이 아닙니까?
박 : 네, 그렇습니다. 벽입니다.
다나카 : 그럼, 이것도 칠판이 아닙니까?
박 : 아니오, 그렇지 않습니다. 칠판입니다.

02 <<

여기에 책이 있습니다.

1

다카하시 : 여기는 어디입니까?
사토 : 여기는 과일가게입니다.
다카하시 : 과일가게에는 무엇이 있습니까?
사토 : 사과와 귤과 감과 복숭아와 바나나가 있습니다.
다카하시 : 옆집은 무엇입니까?
사토 : 거기는 야채가게입니다.
무우랑 배추랑 파 등이 있습니다.
다카하시 : 저기는 무슨 가게입니까?
사토 : 정육점으로, 돼지고기와 쇠고기가 있습니다.
그리고 햄과 소세지가 있습니다.

2

야마모토 : 여기는 어디입니까?
나카무라 : 여기는 부엌입니다. 테이블이 있습니다.
야마모토 : 테이블 위에 무언가 있습니까?
나카무라 : 네, 있습니다.
쇠고기와 감자와 당근과 양파, 그리고 카레가루가 있습니다. 저녁식사 재료입니다.
야마모토 : 저녁식사는 카레군요.
나카무라 : 네, 그렇습니다.
야마모토 : 식탁 밑에도 무언가 있습니까?
나카무라 : 밑에는 아무것도 없습니다.
야마모토 : 저것은 무엇입니까?
나카무라 : 저것입니까? 저것은 냉장고입니다.
야마모토 : 안에 무엇이 있습니까?
나카무라 : 야채랑 과일이랑 고기 등 여러 가지 물건이 있습니다.
야마모토 : 그 옆에 무엇이 있습니까?
나카무라 : 전자렌지와 가스렌지입니다.

03 <<

당신은 누구입니까?

1

여기는 일본어 학교입니다. 일본인 선생님과 한국인, 중국인, 미국인, 프랑스인, 이탈리아인, 스페인 학생이 있습니다.

김 : 안녕하세요.
박 : 안녕하세요.
김 : 일본어 학교의 학생은 모두 한국인입니까?
박 : 아니오, 다른 외국인도 있습니다.
김 : 미국인도 있습니까?
박 : 네, 있습니다.
김 : 독일인도 있습니까?
박 : 독일인은 없습니다.
김 : 어느 나라 사람이 있습니까?
박 : 중국인이랑 미국인이랑 프랑스인 등이 있습니다.

2

야마다 : 안녕, 박 군.
박 : 안녕하세요. 야마다 선생님.
야마다 : 그 사람은 누구입니까?
박 : 제 친구 김 군입니다.
야마다 : 김 군도 학생입니까?
박 : 아니오, 김 군은 회사원입니다.

3

(수업 중)

선생님 : 당신은 누구입니까?
학생 : 저는 박입니다.
선생님 : 당신은 학생입니까, 회사원입니까?
학생 : 유학생입니다.
선생님 : 교실 안에 누군가 있습니까?
학생 : 네, 있습니다.
선생님 : 누가 있습니까?
학생 : 선생님과 학생이 있습니다.
선생님 : 그럼, 교실 밖에 누군가 있습니까?
학생 : 교실 밖에는 아무도 없습니다.
선생님 : 뭔가 있습니까?
학생 : 개와 고양이가 있습니다.

04 <<

빨간 종이와 파란 종이

1

마에다 : 여기에 4 종류의 종이가 있습니다.

빨간 종이와 파란 종이와 하얀 종이와 검은 종이입니다.
이 종이는 무슨 색입니까?

고바야시 : 그것은 빨간 색입니다.
마에다 : 이것도 빨간 색입니까?
고바야시 : 아니오, 그것은 빨간 색이 아닙니다. 파란 색입니다.
마에다 : 이 종이는 빨갛습니까, 파랗습니까?
고바야시 : 그것은 빨갛지도 파랗지도 않습니다. 검은 종이입니다.
마에다 : 흰 종이는 어느 것입니까?
고바야시 : 이것입니다.
마에다 : 그 외에 흰 것으로 어떤 것이 있습니까?
고바야시 : 분필, 그리고 필통도 흰색입니다.
마에다 : 벽도 하얗지 않습니까?
고바야시 : 아니오, 벽은 노란색입니다.
마에다 : 검은 것에는 어떤 것이 있습니까?
고바야시 : 칠판이랑 만년필 잉크 등이 있습니다.

2

야마구치 : 여기가 내 방입니다.
야마시타 : 커다란 방이군요.
야마구치 : 당신 방도 큽니까?
야마시타 : 내 방은 크지도 작지도 않습니다.
야마구치 : 벽지가 파랗고 깨끗한 방이군요.
야마시타 : 내 방은 깨끗합니다만, 조용하지는 않습니다.
당신 방은 어떻습니까?
야마구치 : 내 방은 깨끗하지도 조용하지도 않습니다.

05 <<

시골 초등학교

1

여기는 작은 시골 초등학교입니다.
학생수는 남자아이가
– 한 사람, 두 사람, 세 사람, 네 사람, 다섯 사람, ……열 사람, 열한 사람
열한 사람이고, 여자아이가
– 한 사람, 두 사람, 세 사람, 네 사람, 다섯 사람, ……열 사람, 열한 사람, 열두 사람, 열세 사람
열세 사람이고, 모두 스물네 사람입니다.

선생님은 남자 선생님 한 사람과 여자 선생님 한 사람, 두 사람 밖에 없습니다.
학교에는 방이 네 개 있습니다.

1학년부터 3학년까지의 교실이 하나, 4학년부터 6학년까지의 교실이 하나,
선생님 방이 하나, 그리고 오르간이 있는 준비실이 하나입니다.
교실에는 칠판과 많은 의자와 책상이 있습니다. 그리고 텔레비전과 비디오가 한 대씩 있습니다.
그러나 컴퓨터는 학교에 겨우 한 대밖에 없습니다.

칠판에 하얀 분필이
　- 1개, 2개, 3개, 4개, 5개, 6개, 7개, 8개, 9개
9개이고, 빨간 것이
　- 1개, 2개, 3개, 4개
4개이고, 파란 것이
　- 1개, 2개, 3개
3개이고, 모두 16개 있습니다.

2

운동장 구석에는 닭장과 작은 연못이 있습니다.

닭장에는 닭이
　- 1마리, 2마리, 3마리, 4마리, 5마리
5마리 있습니다. 그리고 작은 새가
　- 1마리, 2마리, 3마리, 4마리, 5마리, 6마리, 7마리, 8마리, 9마리, 10마리
10마리 있습니다.
연못에는 커다란 잉어가
　- 1마리, 2마리, 3마리, 4마리, 5마리, ……10마리, 11마리
11마리 있습니다. 작은 거북이가
　- 1마리, 2마리, 3마리, 4마리
4마리 있습니다.

06 <<

오늘은 몇월 며칠입니까?

1

1년은 12개월 입니다.

1월	2월	3월	4월	5월	6월	7월	8월	9월	10월	11월	12월

첫 달은 1월이고, 마지막 달은 12월입니다.
3월과 4월과 5월은 봄이고, 6월 · 7월 · 8월은 여름, 9월 · 10월 · 11월은 가을, 그리고 12월과 1월과 2월은 겨울입니다. 달에는 큰 달과 작은 달이 있습니다.
큰 달은 31일로, 1월 · 3월 · 5월 · 7월 · 8월 · 10월 · 12월이 그렇습니다.
작은 달은 30일로 4월 · 6월 · 9월 · 11월입니다. 그런데, 2월만은 28일밖에 없습니다.
그러나 4년마다 윤년에는 29일까지 있습니다.

1 일에서 10 일까지, 일본어 고유말은,

하루, 이틀, 사흘, 나흘, 닷새, 엿새, 이레, 여드레, 아흐레, 열흘

입니다.

그럼, 오늘은 몇월 며칠입니까?
- 오늘은 6 월 1 일입니다.
어제는 몇월 며칠이었습니까?
- 어제는 5 월 31 일이었습니다.
내일은 몇월 며칠입니까?
- 내일은 6 월 2 일입니다.
당신의 생일은 언제입니까?
- 내 생일은 3 월 21 일입니다.

그저께 어제 오늘 내일 모레

2

일주일은 7일간입니다.
일주일의 첫 날은 일요일이고, 마지막 날은 토요일입니다.
일주일의 한가운데 날은 수요일입니다.

일요일 월요일 화요일 수요일 목요일 금요일 토요일

그럼 수요일 전날은 무슨 요일이고 다음 날은 무슨 요일입니까?
- 수요일 전날은 화요일이고, 수요일 다음 날은 목요일입니다.

07 <<

일본의 계절

1

일본에는 봄 · 여름 · 가을 · 겨울 사계절이 있습니다. 여름은 덥고 겨울은 춥습니다. 봄은 덥지도 춥지도 않습니다. 따뜻하고 아주 좋은 계절입니다. 가을도 덥지도 춥지도 않습니다. 서늘한 계절입니다.

봄은 계절의 시작으로 따뜻하고, 꽃이 핍니다. 벚꽃놀이 등으로 북적거립니다.
여름은 약동의 계절로 젊은이들이 바다랑 산에 갑니다.
가을은 결실의 계절로 독서, 운동, 식욕의 계절이라고도 합니다. 산의 단풍이 아름답습니다.
겨울은 마지막 계절로 춥고 눈이 내립니다. 하얀 설경은 아주 아름답습니다.

2

당신은 1년 중에서 언제를 제일 좋아합니까?
- 내가 좋아하는 계절은 가을입니다.
왜 가을을 제일 좋아합니까?
- 가을은 독서, 운동의 계절이고, 그리고 내가 좋아하는 과일이 많기 때문입니다.
봄도 좋아합니까?
- 봄은 그다지 좋아하지 않습니다.
여름은 어떻습니까?
- 여름은 너무나도 더워서 싫습니다. 그러나 수영은 좋아합니다.
여름이 싫다면 겨울은 좋아하겠군요.
- 네, 겨울은 좋아합니다. 눈이 아주 아름답습니다.
올 겨울은 춥습니까?
- 아니오, 그다지 춥지 않습니다.
작년 겨울은 어떠하였습니까?
- 작년은 대단히 추웠습니다.

08 <<

지금 몇 시입니까?

1

지금 몇 시입니까?
- 6시 반이에요. 빨리 일어나세요.

저는 매일 아침 오전 6시 반에 일어납니다. 일어나서 곧 얼굴을 씻고, 이를 닦습니다. 그리고 약 30분 정도 가까운 공원에서 운동하고 7시 20분에는 아침밥을 먹습니다.
7시 지나서 일어나면 아침운동을 할 시간이 없습니다.
그리고 나서 학교에 갈 준비를 하고 8시경 집을 나와 버스로 학교에 갑니다. 학교에는 9시 10분전에 도착합니다.
1교시 수업은 9시부터 시작하여 9시 50분까지 공부하고, 10분 쉬고 다시 10시부터 2교시가 시작됩니다.
점심시간은 12시 50분부터 1시 20분까지 30분간입니다. 교실에서 도시락을 먹는 사람도 학생식당에서 먹는 사람도 있습니다.

하루에 수업은 8교시까지이고 8교시가 끝나는 것은 5시 10분입니다. 그리고나서 집에 돌아갑니다. 집에 도착하는 것은 대개 6시 반 정도입니다. 그러나 학교 도서관에서 공부하면 11시 지나서 돌아갈 때도 있습니다. 매일 저녁 식사 후 3시간 정도 공부하고 잡니다.

지금 몇 시입니까?
- 오후 11시 50분이에요. 슬슬 주무세요.

하루는 24 시간입니다.
앞의 12시간은 오전이고 뒤의 12시간은 오후입니다. 그러니까 오전에도 5시가 있고, 오후에도 5시가 있습니다. 오전 5 시는 새벽녘이고, 오후 5 시는 저녁 무렵입니다.

09 <<

어제는 무엇을 했습니까?

1

어제는 하루 종일 비가 내렸습니다. 박 씨는 내내 집에 있으며, 책을 읽거나 비디오를 보거나 했습니다.
오늘 친구인 사토 씨가 찾아왔습니다.

사토 : 어제는 비가 많이 내렸지요.
박 : 그랬지요. 하루 종일 많이 내렸습니다.
사토 : 어제 어딘가 외출하셨습니까?
박 : 아니오, 비가 내려서 아무데도 외출하지 않았습니다.
쭉 집에 있었습니다.
사토 : 그랬습니까? 그런데 집에서 뭘 하였습니까?
박 : 책을 읽거나 비디오를 보거나 했습니다.
사토 : 무슨 책을 읽었습니까?
박 : 소설인데, 『설국』입니다.
사토 : 아아, 가와바타 야스나리의 노벨상 수상작품이지요.
재미있었습니까?
박 : 네, 아주 재미있었어요.
사토 씨도 읽었습니까?
사토 : 물론 고등학생 때 읽었습니다. 그러나 저는 그다지 재미있지 않았습니다.
비디오는 무얼 봤습니까?
박 : 비디오 대여점에서 「겨울연가」를 빌려 보았습니다.
사토 : 한국에 갔을 때, 저도 텔레비전에서 보았습니다. 대단히 인기가 있었습니다.
박 : 그런데, 사토 씨는 어제 어딘가 갔습니까?
사토 : 네, 영화를 보러 갔습니다.
박 : 방화를 봤습니까? 외국영화를 봤습니까?
사토 : 원래는 방화 쪽을 좋아합니다만, 어제는 외화를 봤습니다.
박 : 영화를 자주 보러 갑니까?
사토 : 네, 한 달에 2,3 번 갑니다. 박 씨는 어떻습니까?
박 : 저는 한 달에 한 번 정도입니다.
한국영화는 어떻습니까?
사토 : 아주 좋아합니다. 요즘 영화관에서도 한국영화를 해서 그때는 반드시 갑니다.

10 <<

이쪽으로 와 주세요.

1

이토　: 선생님, 안녕하십니까?

선생님 : 네, 안녕하세요. 오늘은 동작에 관한 말을 공부합시다.
이토 군 일어나세요.
(이토 군은 일어선다)

선생님 : 오른팔을 높이 드세요.
(이토 군은 오른팔을 높이 든다.)

선생님 : 오른팔을 내리고 왼팔을 드세요.
(이토 군은 오른팔을 내리고, 왼팔을 든다)

선생님 : 다음은 양팔을 앞으로 펴서 좌우로 흔드세요.
(이토 군은 양팔을 앞으로 펴서 좌우로 흔든다)

선생님 : 마지막으로 양팔을 높이 들고 등을 펴세요.
(이토 군은 양팔을 높이 들고 등을 편다)

선생님 : 네, 좋습니다. 앉으세요.
(이토 군은 앉는다)

2

(잠시 후)

선생님　: 이번에는 미야자키 씨 일어서 주세요.
(미야자키 씨가 일어선다)

선생님　: 지금, 미야자키 씨는 어떻게 하였습니까?

미야자키 : 일어섰습니다.

선생님　: 자, 이쪽으로 와 주세요.
(미야자키 씨가 선생님 앞으로 온다)

선생님　: 저쪽 문이 있는 곳으로 가 주세요. 문을 열고 한 걸음 밖으로 나가 주세요.
(미야자키 씨가 문 밖으로 나간다)

선생님　: 다시 방안으로 들어와 문을 닫아 주세요. 이제 됐으니까 자리에 돌아가 의자에 앉아 주세요.
미야자키 씨는 어디에 갔다 왔습니까?

미야자키 : 문이 있는 곳에 갔다 왔습니다.

선생님　: 문을 열었습니까?

미야자키 : 네, 열었습니다.

선생님　: 그리고 어떻게 하였습니까?

미야자키 : 문 밖으로 나갔습니다.

선생님　: 그리고 어떻게 하였습니까?

미야자키 : 다시 방안으로 들어 왔습니다.

선생님　: 그리고 어디로 갔습니까?

미야자키 : 제 자리로 돌아 왔습니다.

11 <<

입으로 이야기할 수 있습니다.

1

사람 얼굴에는 눈이 두 개, 귀가 두 개, 코가 하나, 입이 하나 있습니다.

사람은 눈으로 무엇을 합니까?
- 눈으로는 사물을 봅니다.
귀로는 무엇을 합니까?
- 귀로는 소리를 듣습니다.
코로는 무엇을 합니까?
- 코로는 숨을 쉬고, 냄새도 맡습니다.
무엇으로 음식을 먹습니까?
- 입으로 먹습니다.
입으로는 또 무엇을 할 수 있습니까?
- 얘기를 합니다. 또 코와 마찬가지로 숨도 쉴 수가 있습니다.

2

사람에게는 두 개의 손과 두 개의 발이 있습니다.

손으로는 무엇을 합니까?
- 손으로는 여러 사물을 듭니다.
글씨도 쓰고 그림도 그립니다. 그리고 중요한 것은 사람은 손으로 여러 도구를 만들고 그것을 사용합니다. 이것이 사람과 다른 동물과 다른 점입니다.
발은 어떻습니까?
- 발도 중요합니다. 발로는 걷기도 하고 달리기도 하고 뛰기도 합니다.
개나 고양이에게도 손발이 있습니까?
- 개나 고양이에게는 손이 없고, 발만 네 개 있습니다. 그러나 앞발 두 개가 손 역할을 할 수가 있습니다.

새는 다리가 두 개 있고, 손 대신에 날개가 두 개 있습니다. 새는 날개로 하늘을 날 수가 있습니다. 물고기는 손도 발도 없습니다. 물 속에서 살며 헤엄칠 수가 있습니다. 새 중에서도 헤엄칠 수 있는 것도 있습니다. 그것을 물새라고 합니다. 포유류 중에도 고래랑 돌고래는 물 속에서 살며 헤엄칠 수가 있습니다.

닭도 하늘을 날 수 있습니까?
- 닭도 새의 일종입니다만, 잘 날지 못합니다.
포유류 중에서 하늘을 날 수 있는 것이 있습니까?
- 박쥐는 날개는 없습니다만, 자유로이 하늘을 날 수가 있습니다.

12 <<

지금, 무엇을 하고 있습니까?

1

여기는 대학 기숙사입니다. 아침부터 비가 내리고 있어서 휴일임에도 불구하고, 거의 모든 학생은 외출하지 않고 자기 방에 있습니다.

아직 비가 내리고 있습니까?
- 네, 아직 비가 내리고 있습니다.
언제부터 내리고 있습니까?
- 아침부터 쭉 계속 내리고 있습니다.
바람은 어떻습니까?
- 바람은 조금 전에 그쳤습니다.
그럼, 밖에는 사람이 걷고 있습니까?
- 네, 많은 사람이 걷고 있습니다.
모두 우산을 쓰고 있습니까?
- 네, 모두 가지각색의 우산을 쓰고 걷고 있습니다.

2

미야타 씨는 지금 방에 있습니까?
- 네, 있습니다.
지금 무엇을 하고 있습니까?
- 미야타 씨는 방에서 컴퓨터를 하고 있습니다.
사이토 씨도 방에 있습니까?
- 아니오, 없습니다.
어디에 있습니까?
- 사이토 씨도 방에서 컴퓨터를 하고 있었습니다만, 지금은 식당에서 점심밥을 먹고 있습니다.
구도 씨는 기숙사에 돌아왔습니까?
- 네, 돌아왔습니다. 비에 상당히 젖었기 때문에 지금 목욕을 하고 있습니다.
요시다 씨는 어떻게 하고 있습니까?
- 요시다 씨도 방에 있습니다만, 무얼 하고 있는지는 모릅니다.
지금 식사를 하고 있는 사람은 누구입니까?
- 식사를 하고 있는 사람은 사이토 씨입니다.
컴퓨터를 하고 있는 사람은 누구입니까?
- 컴퓨터를 하고 있는 사람은 미야타 씨입니다.
목욕을 하고 있는 사람은 누구입니까?
- 목욕을 하고 있는 사람은 구도 씨입니다.
외출갔다 온 사람은 누구입니까?
- 그 사람도 구도 씨입니다.
저기에 서 있는 사람은 누구인지 모르겠습니다.
- 요시다 씨 아닙니까?

3

당신은 매일 무얼 하고 있습니까?

- 월요일부터 금요일까지 학교에 다니고 있습니다. 토요일과 일요일은 집에 돌아 갑니다.

당신의 아버님은 무얼 하고 계십니까?

- 저의 아버지는 작은 회사를 경영하고 있습니다.

어머님은 무얼 하고 계십니까?

- 어머니는 아무 것도 하고 있지 않습니다. 집에 계십니다.

13 <<

검은 양복을 입고 있습니다.

1

박 씨는 넥타이를 하지 않고, 회색 바지에 청색 상의를 입고 있습니다. 구두는 검은 것을 신고 있습니다.

기노시타 씨는 갈색 양복에 짙은 녹색 넥타이를 매고 있습니다. 구두도 갈색입니다. 그리고 안경을 쓰고 있습니다.

여성인 혼다 씨는 빨간 스웨터를 입고, 옅은 노란색 스커트를 입고 하얀 구두를 신고 있습니다. 웃옷은 입고 있지 않습니다. 그리고 녹색 모자를 쓰고 검은 핸드백을 갖고 있습니다.

2

박 씨는 무엇을 입고 있습니까?

- 파란 웃옷에 회색 바지를 입고 있습니다.

기노시타 씨는 어떤 복장을 하고 있습니까?

- 갈색 양복에 녹색 넥타이입니다.

혼다 씨는 어떻습니까?

- 혼다 씨는 여성이므로, 스커트를 입고 있습니다. 노란색 스커트입니다. 그리고 빨간 스웨터를 입고 있습니다.

모자는 쓰고 있지 않습니까?

- 아, 그래요. 녹색 모자를 쓰고 있습니다. 그리고 검은 핸드백도 갖고 있습니다.

안경을 쓰고 있는 사람은 누구입니까?

- 기노시타 씨가 안경을 쓰고 있습니다.

코트를 입고 있는 사람도 있습니까?

- 코트는 아무도 입고 있지 않습니다.

모두 무슨 색 구두를 신고 있습니까?

- 기노시타 씨는 갈색이고 혼다 씨는 흰색, 박 씨는 검은색 구두입니다.

웃옷 색깔은 어떻습니까?

- 박 씨는 파란색, 기노시타 씨는 갈색, 혼다 씨는 입고 있지 않습니다.

3

저기에 있는 사람은 누구입니까?

- 저분입니까? 저분은 선생님 사모님입니다.

무엇을 입고 있습니까?

- 발그스름한 기모노를 입고 노란색 허리띠를 매고, 그리고 구두가 아니라 하얀 조오리를 신고 있습니다.

14 <<

창문은 열려 있습니까?

1

선생님 : 칠판에 뭔가 써 있습니까?
학생 : 네, 써 있습니다.
선생님 : 뭐라고 써 있습니까?
학생 : 일본어로, 크게 「오늘 수업은 휴강」이라고 써 있습니다.
선생님 : 누가 이런 낙서를 하였습니까?
학생 : 제가 교실에 오기 전부터 써 있었습니다.
선생님 : 그럼, 이건 지우겠습니다. 오늘은 「~ 해 있습니다」를 공부하겠습니다.
이것은 타동사에 대한 상태를 나타내는 말입니다.
벽에 뭔가 붙어 있습니까?
학생 : 네, 붙어 있습니다.
선생님 : 뭐가 붙어 있습니까?
학생 : 지도가 붙어 있습니다.
선생님 : 저기에 뭐가 걸려 있습니까?
학생 : 달력이 걸려 있습니다.
선생님 : 창문은 열려 있습니까?
학생 : 아니오, 열려 있지 않습니다. 닫혀 있습니다.
선생님 : 커튼도 닫혀 있습니까?
학생 : 아니오, 커튼은 닫혀 있지 않습니다. 열려 있습니다.
선생님 : 전기는 켜져 있습니까?
학생 : 전기는 켜져 있습니다.
선생님 : 밝으니까 전기는 꺼 주세요.
(학생은 전기를 끈다)
선생님 : 전기는 켜져 있습니까?
학생 : 아니오, 전기는 켜져 있지 않습니다. 꺼져 있습니다.
선생님 : 책상 위에 뭔가 놓여져 있습니까?
학생 : 네, 놓여 있습니다.
선생님 : 뭐가 놓여 있습니까?
학생 : 라디오 카세트가 놓여 있습니다.
선생님 : 라디오 카세트 외에 뭔가 놓여 있습니까?

학생　: 아무것도 없습니다.
선생님 : 지도는 어디에 있습니까?
학생　: 지도는 벽에 붙여져 있습니다.
선생님 : 달력은 어디에 있습니까?
학생　: 달력도 벽에 걸려 있습니다.

15 <<

인사

1

아침인사는「おはよう」입니다. 그렇지만 윗사람에게는「おはようございます」로 정중하게 인사를 합시다. 오전 중이라도 너무 늦어지면「おはよう」는 사용할 수 없습니다. 왜냐하면「おはよう」는「お早う」로 말하자면「빠르다」라는 뜻입니다. 그러므로 늦어지면 사용할 수 없습니다.

낮인사는「こんにちは」입니다. 그러나 이것는 식구에게는 사용하지 않는 말입니다. 회사의 상사나 동료도 식구로 여겨 역시 사용할 수 없습니다.
오전 중이라도 해가 높이 뜨면「こんにちは」라 인사합니다. 그리고 저녁 무렵 해가 질 때까지「こんにちは」라 인사합니다.

저녁에 어두워질 무렵부터「こんばんは」라고 인사합니다. 이것도「こんにちは」와 마찬가지로 식구에게는 사용할 수 없습니다.
밤에 잘 때에는「おやすみ」라 합니다. 그러나 윗사람에게는「おやすみなさい(ませ)」까지 말하여야 합니다.

이외에 일상생활에 사용하는 인사는 많이 있습니다.
식사하기 전에는「いただきます」라 하고 먹기 시작합니다. 식사가 끝나면「ごちそうさま」라고 합니다.
외출할 때는「いってきます」라 하며, 집에 돌아왔을 때는「ただいま」라 합니다. 또 배웅하는 사람은「いってらっしゃい」라 하고, 마중할 때는「おかえりなさい」라고 말하면 됩니다.
남의 집을 방문할 때는 「ごめんください」라 하고, 손님이 왔을 때는「いらっしゃい」라고 하면 됩니다. 또 남의 집에서 돌아갈 때는「どうもおじゃましました」라고 인사하면 됩니다. 손님이 돌아갈 때는 「どうぞまたおこしください」라고 하면 됩니다. 그리고 축하할 일이 있을 때는「おめでとうございます」라고 축하합시다.

16 <<

가족소개

1

저의 가족은 할아버지와 할머니, 아버지와 어머니, 형과 누나, 저 그리고 남동생과 여동생, 9명의 대가족입니다.

할아버지는 원래 공무원으로, 취미는 바둑을 두는 것입니다. 매일 이웃의 할아버지와 바둑을 두십니다.
할머니 취미는 꽃꽂이로, 이웃 사람을 가르치고 있습니다. 할아버지는 72세이고 할머니는 69세입니다. 아직까지 건강하십니다.

아버지는 대학교 선생님으로, 현재 교환교수로 일본에 가 계십니다. 어머니는 요리를 잘 하셔서 매일 우리들에게 맛있는 요리를 만들어 주십니다. 형은 회사원입니다만, 작년에 대학을 막 나와서 샐러리맨으로서의 생활은 아직 일년 정도입니다. 형은 등산을 좋아해서 휴일에는 언제나 갑니다. 저도 때때로 따라가는데 공기가 좋아서 정말로 기분이 좋습니다.
누나는 2년 전에 시집을 갔습니다만, 그때까지는 간호사를 하고 있었습니다. 음악을 아주 좋아해서 피아노도 노래도 대단히 잘합니다.

저는 고등학교 3학년생, 여동생은 중학교 3학년생입니다. 각기 대학입시와 고교입시 때문에 좋아하는 텔레비전도 보지 않고 열심히 공부하고 있습니다.
저는 일본문화에 흥미가 있어서 대학에서는 일본어를 전공하려고 합니다. 남동생은 스포츠를 좋아해서 학교에서는 야구선수입니다. 위치는 투수입니다. 시합이 있을 때는 언제나 가족 모두 응원하러 갑니다.

우리 일가는 언제나 화목하고, 그리고 즐겁게 살고 있습니다. 저와 여동생의 입시가 끝나면, 가족 모두 아버지가 계시는 일본에 여행갈 계획입니다.

일본어 강독

초판발행	2005년 09월 05일
1판 5쇄	2018년 03월 05일
저자	원광대학교 일본어교육연구회
펴낸이	엄태상
책임 편집	정은영, 오은정, 조은형, 신명숙, 진현진
제작	조성근
마케팅	이상호, 이승욱, 오원택, 전한나, 왕성석
경영지원	마정인, 최윤진, 김예원, 양희운, 박효정
펴낸곳	(주)시사일본어사
주소	서울시 종로구 자하문로 300 시사빌딩
주문 및 교재 문의	1588-1582
팩스	(02)3671-0500
홈페이지	www.sisabooks.com
이메일	sisa_book@naver.com
등록일자	1977년 12월 24일
등록번호	제300 - 1977 - 31호

ISBN 978-89-402-0589-1 18730